Meinir Ebbsworth

Cyhoeddwyd gan Y Ganolfan Astudiaethau Addysg, Aberystwyth
gyda chymorth ariannol APADGOS.
Gwefan www.caa.aber.ac.uk

ISBN 978-1-84521-297-1

Awdur: *Meinir Ebbsworth*
Dylunydd: *Richard Huw Pritchard*
Golygydd: *Eirian Jones*
Argraffwyr: *Argraffwyr Cambria*

Diolch i: *Ruth Davies, Mary Griffiths, Eleri Gwyn* a *Flo Roberts* am eu harweiniad gwerthfawr.

Cydnabyddiaethau

Mae'r cyhoeddwyr yn ddiolchgar i'r canlynol am ganiatâd i atgynhyrchu deunyddiau:
Dogs Trust: tud. 6
Raymond B. Davies: tud. 7
NASRDA: tud. 12
Rex Features: tud. 13, 45, 59, 69, 70, 78, 98
Richard Pritchard: tud. 16, 66, 72, 78, 90
Graham Howells: tud. 17, 18
Athrawon Bro Ceredigion: tud. 33-34
Y Lolfa (*Sgwbidŵ Aur*, Caryl Lewis): tud. 50-51
Dorian Rees: tud. 52, 54
Gwasg Gomer (*Llyfrau Darllen Newydd* 3, T. Llew Jones): tud. 57-59
BBC: tud. 63
Dave Newbould: tud. 78
Urdd Gobaith Cymru: tud. 78
Huw Evans Picture Agency: tud. 78
S4C: tud. 78
Y Lolfa ('A Gymri di Gymru?', Robat Gruffudd; allan o'r gyfrol Poeth): tud. 80
Delyth Llwyd Ifan: tud. 85
Gwasg Gomer (*Ta-ta Tryweryn!*, Gwenno Hughes): tud.87-88
Gwasg Carreg Gwalch (*Straeon ac Arwyr Gwerin Cymru*, cyf 1, John Owen Hughes): tud. 91-95

Mae'r cyhoeddwyr wedi gwneud pob ymgais i gysylltu â'r deiliaid hawlfraint ond ymddiheurwn os
oes unrhyw un wedi'i adael allan.

UNED 1 | **CI**

Ci – Cyfaill Pennaf?

Mae Dewi eisiau prynu ci.

Dydy mam Dewi ddim yn hapus o gwbl.
Dydy mam Dewi ddim eisiau ci yn y tŷ!

Pam ydych chi'n credu bod Dewi eisiau ci?
Pam ydych chi'n credu nad ydy mam Dewi eisiau iddo gael ci?

Mae Dewi'n cael ei ffordd! Mae ei fam yn cytuno!
Trafodwch mewn grŵp sut fyddech chi'n mynd ati i brynu ci.

Siaradwch am:

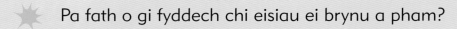 Pa fath o gi fyddech chi eisiau ei brynu a pham?

Ble fyddech chi'n cael y ci?

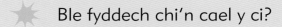 Beth arall fyddai'n rhaid ei brynu?

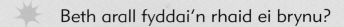 Beth fyddai eisiau ei wneud ar ôl i chi gael y ci?

LLAFAR

Mae nifer fawr o bobl yn hoffi cŵn.
Yng Nghymru, mae tua 4% o bobl yn berchen ar gi.

Pam ydych chi'n meddwl?

DARLLEN

Ffrind

Cynnes a meddal
I'w gwtsho'n dynn.
Trwyn a thafod gwlyb
yn siarad ei iaith ei hun.

Cynffon sydd byth yn blino,
Coesau sy'n cadw i fynd,
Rhedeg fel ffŵl,
Pêl a phren
yn drysor drud.

Mynnu sylw,
(Yn lle fy ngwaith cartref)
Mynnu mwythau,
(yn lle tacluso 'stafell wely)
Mynnu mynd am dro,
(yn lle helpu Mam).

Rhoi gofal,
Rhoi sbri,
Rhoi cariad.
Ffrind pedair coes
Sy'n werth y byd.

LLAFAR

Yn anffodus, dydy pob ci ddim yn cael yr un sylw â'r ci yn y gerdd 'Ffrind'.

Pam ydych chi'n meddwl?

tudalen 4

Mae elusen '*Dogs Trust*' yn **elusen** sydd yn helpu cŵn sydd heb gartref. Mae gan *Dogs Trust* gartref cŵn ym Mhen-y-bont ac un deg chwech o gartrefi eraill drwy wledydd Prydain. Bob blwyddyn, mae *Dogs Trust* yn dod o hyd i gartrefi ar gyfer 7,080 o gŵn. Ond mae 1,700 arall sydd ddim yn llwyddo i gael cartref gyda pherchenogion newydd a charedig.

Mae llawer iawn o bobl yn cael ci, ond dydyn nhw ddim yn gofalu ar ei ôl. Mae 112,000 o gŵn yn cael eu gadael heb gartref bob blwyddyn gan berchenogion sydd wedi newid eu meddyliau. Mae cŵn yn gallu byw nes eu bod yn bymtheg oed ac maen nhw'n medru costio'n ddrud. Mae bwyd, **offer**, teganau a chostau **milfeddyg** yn gallu costio cannoedd o bunnoedd. Ond y peth pwysicaf i'w roi i'r ci ydy sylw, gofal ac ymarfer corff. Mae *Dogs Trust* yn gwneud yn siŵr bod pawb sydd yn cymryd ci oddi wrth un o'u cartrefi yn gallu rhoi'r sylw iawn i'r ci. Mae *Dogs Trust* ac elusennau tebyg yn gallu rhoi cyngor i chi ar ba fath o gi fyddai orau i chi ac ar sut i ofalu am y ci yn iawn.

elusen – charity

offer – pethau i ofalu am y cŵn

milfeddyg – vet

Gofalu am gi

Gwnewch yn siŵr bod gennych chi:

> tennyn er mwyn mynd â'r ci am dro

> bwyd cyson

> teganau / pêl er mwyn i'r ci gael chwarae

Gwnewch yn siŵr eich bod chi'n:

> gwneud yn siŵr nad ydy'r ci yn gallu dianc i'r ffordd

Trafodwch yn eich grwpiau:

Oes rhywbeth arall ddylai fod ar y poster hwn?
Beth?
Pam ddylai hyn fod ar y poster?

10 Stryd y Gwynt
Llandeg
Gwynedd

12fed Chwefror

Annwyl Syr

Rwy'n ysgrifennu atoch i gwyno am y ci sydd yn byw yn y tŷ drws nesaf. Mae'n hen gi mawr hyll sydd yn cyfarth drwy'r dydd a phob dydd. Mae ei berchenogion yn ei adael yn yr ardd am oriau lawer tra eu bod nhw yn y gwaith ac mae'r ci yn cyfarth ar unrhyw beth ac unrhyw un. Mae gen i blant bach sydd yn rhy ofnus i chwarae yn yr ardd oherwydd sŵn y cyfarth.

Yn fy marn i dylai'r ci gael ei gymryd oddi yno a'i roi mewn cartref cŵn. Ddylai'r perchenogion ddim cael prynu ci arall chwaith. Pam ddylai pobl anghyfrifol gael prynu ci a gadael i bobl fel fi ddioddef y sŵn?

Yn gywir,

Mr D. Blin

✹ Ydych chi'n cytuno gyda Mr D. Blin?

✹ Sut fyddech chi'n teimlo os mai chi oedd perchennog y ci?

✹ Beth fyddai perchennog y ci yn gallu'i wneud yn wahanol?

Mae cŵn yn fwy nag anifeiliad anwes i lawer iawn o bobl.

Ydych chi'n gallu meddwl am gŵn sydd yn ddefnyddiol i bobl?

Pa fath o gŵn ydyn nhw?

Pwy maen nhw'n ei helpu?

Beth maen nhw'n ei wneud?

Ydych chi erioed wedi gweld ci fel hyn? Ble?

Un math o gi sydd yn helpu pobl ydy ci tywys.
Ydych chi'n gwybod beth mae ci tywys yn ei wneud?

DARLLEN

tudalen 8

Cŵn Tywys

Cŵn tywys ydy llygaid pobl sydd ddim yn gallu gweld – pobl ddall.

Mae ci tywys yn gi arbennig o glyfar ac mae'n cymryd amser ac amynedd i hyfforddi ci tywys. Mae 1.7% o bobl Prydain yn ddall ac mae llawer iawn ohonyn nhw yn gallu cael llawer o help gan gi tywys.

Cŵn tywys – cŵn sy'n helpu pobl sy'n methu gweld. Y ci ydy llygaid y perchennog.

Sut ydych chi'n credu y mae ci tywys yn helpu person dall?

Sut ydych chi'n credu y mae ci tywys yn cael ei hyfforddi?

tudalen 8

Mae mamau cŵn tywys yn cael eu magu'n arbennig ar gyfer geni cŵn arbennig a fydd yn gallu gwneud y gwaith o fod yn lygaid i berson dall. Dydy pob un o'r cŵn bach sydd yn cael eu geni ddim yn addas ar gyfer y gwaith. Mae rhai ohonyn nhw'n cael eu hyfforddi i wneud gwaith arall, fel mynd i weithio gyda'r heddlu neu gyda thimoedd achub mynydd.

Pan mae'r ci bach yn chwe wythnos oed mae'n mynd i fyw gyda pherson a fydd yn hyfforddi'r ci ar sut i wrando a **bod yn ufudd**. Dydy'r bobl sydd yn gwneud hyn ddim yn cael eu talu, **gwirfoddolwyr** ydyn nhw. Mae 14,000 o bobl fel hyn ym Mhrydain sydd yn helpu gyda chŵn tywys.

Pan mae'r ci yn flwydd oed mae'n mynd at hyfforddwr arbennig am ugain wythnos. Mae'r hyfforddwr yn dysgu'r ci sut i fod yn ofalus wrth dywys a sut i gadw'r perchennog rhag perygl. Yna, mae'r hyfforddwr a'r ci yn mynd i fyw gyda'r perchennog newydd am fis er mwyn i'r ci a'r perchennog ddod i adnabod a deall ei gilydd.

bod yn ufudd
– gwrando

gwirfoddolwyr
– volunteers

tudalen 9, 10 + 11

Rydych chi'n gweithio i bapur newydd lleol.

Rydych chi wedi cael gwybod bod person lleol yn cadw cŵn tywys ac yn eu hyfforddi. Erbyn hyn, mae wedi hyfforddi dros 100 o gŵn tywys.

Rydych chi wedi cael eich anfon i siarad â'r person ac i ysgrifennu adroddiad ar gyfer y papur newydd lleol. Ysgrifennwch yr adroddiad.

Sut fyddech chi'n paratoi ar gyfer hyn?

Cŵn Dewr

Mae cŵn yn gallu bod yn anifeiliaid anwes da ac yn gallu helpu pobl, fel cŵn tywys.

Ydych chi'n gallu meddwl am gŵn sydd yn gweithio?

Cŵn Heddlu

Mae nifer o gŵn yn gwneud gwaith pwysig iawn. Mae'r heddlu yn defnyddio cŵn er mwyn eu helpu. Pa fath o bethau ydych chi'n meddwl y byddai cŵn yn gallu eu gwneud er mwyn helpu'r heddlu? Maent yn helpu plismona mewn llefydd lle mae llawer iawn o bobl, er enghraifft, mewn gêm bêl-droed neu gyngerdd mawr. Yn aml, mae gweld ci yn gwneud i bobl ymddwyn yn well yn syth! Mae cŵn hefyd yn helpu gyda'r gwaith o ddal **troseddwyr**. Mae'r cŵn yn cael eu hyfforddi i ddefnyddio sgiliau sydd ddim gan bobl. Un o'r sgiliau hyn yw arogli'n ardderchog. Mae cŵn yn gallu dod o hyd i fomiau sydd wedi eu cuddio ac yn gallu dod o hyd i gyffuriau hefyd. Mae gan Heddlu Gogledd Cymru wyth o gŵn sydd yn eu helpu gyda eu gwaith o ddydd i ddydd, a dau gi sydd yn arbenigo yn y gwaith o ddod o hyd i gyffuriau.

troseddwyr – pobl sy'n torri'r gyfraith

Cŵn Achub

Mae gan Dîm Achub Mynydd Aberglaslyn ddau gi sydd wedi eu hyfforddi'n arbennig ar gyfer dod o hyd i bobl sydd ar goll ar y mynydd. Mae'r cŵn, Gwen a Rolf, yn gallu dilyn **arogl** arbennig y person drwy arogli'r ddaear a'r awyr. Bydd angen iddynt arogli rhywbeth sydd yn perthyn i'r person, fel maneg neu esgid, cyn dechrau. Yna, byddant yn gallu dilyn arogl y person. Maent yn gallu gwneud hyn hyd yn oed yn y tywyllwch. Gwen a Rolf yw'r unig gŵn achub **gwirfoddol** drwy Brydain sydd yn gallu gwneud y gwaith hwn.

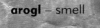
arogl – smell

gwirfoddol – voluntary

daeargrynfeydd
— y ddaear yn crynu, *earthquakes*

Mae tîm o gŵn achub enwog iawn yng ngwlad y Swistir. Yn 1971 gwnaeth dyn o'r enw Edi Bucher sefydlu tîm o hanner cant o gŵn achub a'u galw yn REDOG. Roedd Bucher wedi clywed am y cŵn oedd wedi achub pobl o adeiladau a gafodd eu bomio yn ystod yr Ail Ryfel Byd. Penderfynodd y byddai cŵn yn gallu helpu pobl oedd yn gaeth mewn adeiladau ar ôl **daeargrynfeydd**. Mae'r tîm yma o gŵn yn dal i fod hyd heddiw, ac maent yn barod i gael eu hanfon ar awyren i unrhyw wlad ar draws y byd mewn tair awr. Mae gan y cŵn awyren eu hunain a llywodraeth y Swistir sydd yn talu am y cŵn a'r awyren am eu bod yn credu ei bod hi'n bwysig helpu pobl llai ffodus ar draws y byd. Mae'n costio hanner miliwn o bunnoedd bob tro mae'r cŵn yn cael eu hanfon i wlad dramor.

Mae'r cŵn wedi cael eu hanfon i wledydd ble mae daeargryn wedi chwalu'r adeiladau i gyd. Mae un ci yn gweithio er mwyn ceisio twrio drwy'r rwbel i ddod o hyd i bobl sydd dal yn fyw. Mae dau gi arall yn  gwylio hyn. Wedyn, ar ôl tua 10 munud mae'r ci'n **gorffwyso** ac mae un o'r cŵn eraill yn parhau gyda'r gwaith. Mewn gwledydd poeth iawn, mae'r cŵn yn gorfod gorffwyso ar ôl tua 3 munud er mwyn tynnu'r llwch o'u trwynau. Mewn gwledydd fel hyn, bydd y cŵn yn gweithio yn y nos gan ei bod hi'n oerach.

gorffwyso
— cael saib, *rest*

Cŵn Rhyfel

Mae cŵn wedi cael eu defnyddio mewn rhyfeloedd ers blynyddoedd maith. Yn ddiweddar cafodd **cerflun** ei osod mewn parc yn Llundain i gofio am yr holl anifeiliaid a fu farw mewn rhyfeloedd wrth geisio helpu'r milwyr. Mae pob math o anifeiliaid wedi helpu milwyr mewn rhyfeloedd – cŵn, ceffylau, dolffiniaid, eliffantod ac adar fel colomennod. Ers 1943 mae dros 60 o'r anifeiliaid hyn wedi ennill medal arbennig am ddewrder gan y teulu brenhinol, gan gynnwys 18 o gŵn. Roedd un o'r cŵn wedi helpu'r SAS wrth gael ei anfon ar barasiwt i wledydd peryglus gyda negeseuon i'r milwyr oedd yno. Roedd ci hefyd wedi cael gwobr am ei ran yn y rhyfel yn Iraq. Roedd Buster y ci wedi dod o hyd i fomiau peryglus gan achub bywydau'r milwyr.

cerflun – statue

Trafodwch y cwestiynau yma yn eich grŵp:

✷ Soniwch am ddau beth rydych chi wedi ei ddysgu am gŵn heddlu.

✷ Sut mae cŵn yn helpu Heddlu Gogledd Cymru?

✷ Disgrifiwch beth mae cŵn achub Aberglaslyn, Gwen a Rolf, yn gallu ei wneud.

✷ Pam wnaeth Edi Bucher ddechrau tîm cŵn REDOG?

✷ Sut mae gwlad y Swistir yn helpu'r tîm cŵn?

✷ Sut maen nhw'n achub pobl mewn gwledydd poeth?

✷ Pa fath o anifeiliaid sydd wedi helpu milwyr mewn rhyfeloedd?

✷ Sut ydyn ni'n cofio am yr anifeiliaid hyn?

✷ Soniwch am un ci sydd wedi helpu milwyr mewn rhyfel.

GELERT CI LLYWELYN

Flynyddoedd maith yn ôl roedd gan Gymru dywysog o'r enw Llywelyn, Llywelyn Fawr, a oedd yn dywysog yn ardal Eryri. Roedd yn briod ac roedd ganddo ef a'i wraig fab bach.

Un gwanwyn penderfynodd Llywelyn fynd i hela gyda'i filwyr a'i gŵn hela. Roedd yn mynd i hela ceirw er mwyn cael gwledd fawr. Roedd gan Llywelyn un ci hela oedd yn arbennig iawn iddo, a'i enw oedd Gelert. Roedd Llywelyn a Gelert yn ffrindiau mawr.

Y bore hwnnw cyn mynd i hela doedd gwraig Llywelyn, y Dywysoges, ddim yn teimlo'n dda iawn. Aeth Llywelyn a'r babi a'i roi **yn ei grud** mewn ystafell arall er mwyn i'r dywysoges gael gorffwyso. Roedd digon o forynion yn y castell i gymryd gofal o'r dywysoges a'r babi tra bod Llywelyn a'i filwyr yn hela. Penderfynodd Llywelyn y byddai Gelert y ci hefyd yn aros yn y castell er mwyn gofalu am ei wraig a'r babi. Dywedodd wrth Gelert mai ei waith ef am y dydd oedd gofalu am y babi. Rhoddodd Gelert ei ben ar ei bawennau a gorwedd yn ufudd wrth y crud. Er i Gelert glywed y milwyr a'r cŵn eraill yn paratoi am yr helfa arhosodd yn stond wrth y crud. Roedd ei feistr wedi rhoi gofal y babi iddo. Roedd am wrando!

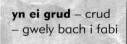

yn ei grud – crud – gwely bach i fabi

Cysgodd y babi drwy'r bore a daeth y morynion yn gyson i'w weld. Byddent yn dod â dŵr i Gelert a'i ganmol. Yn y prynhawn daeth y Dywysoges i fwydo'r babi ond aeth yn ôl i'w gwely ar ôl ychydig amser. Weithiau, byddai Gelert yn clywed y milwyr a'r cŵn **ar drywydd** carw yn y pellter, ond ni wnaeth gyffroi. Eisteddodd a gwyliodd.

ar drywydd – ar ôl

Yn sydyn, cododd ei ddwy glust a throi ei ffroenau am yr awyr. Meddyliodd iddo glywed rhywbeth dieithr. Agorodd ei lygaid led y pen a gofalu bod y babi yn dal i gysgu yn ei grud. Clywodd Gelert sŵn y drws pren yn gwichian ac o edrych gwelodd **flaidd** ofnadwy yn yr ystafell. Roedd ganddo res o ddannedd miniog a llygaid melyn creulon. Llygaid anifail a oedd **bron â llwgu**. Anifail a oedd yn fodlon gwneud unrhyw beth am fwyd.

blaidd – wolf

bron â llwgu – eisiau bwyd yn ofnadwy

Neidiodd y blaidd heibio i Gelert ac anelu am y crud. Llwyddodd Gelert i gnoi ochr y blaidd cyn iddo gyrraedd y babi yn y crud. Roedd y blaidd wedi gwylltio a throdd ei sylw at Gelert. Wrth iddo droi'n sydyn, bwrodd y blaidd yn erbyn y crud ac fe siglodd hwnnw'n beryglus. Llithrodd y babi allan ohono a glanio ar y llawr. Yn ddigon rhyfeddol, roedd y babi yn dal i gysgu!

brathodd
– cnoi

amddiffyn
– gofalu am

Brwydrodd y blaidd a Gelert yn ffyrnig. Roedd y blaidd yn fwy na Gelert a'i ddannedd yn finiog ac yn hirach. **Brathodd** y blaidd yn ddwfn i wddf Gelert, a theimlodd y ci ei holl nerth yn ei adael. Er hyn, roedd yn gorfod **amddiffyn** y babi. Roedd yn ffyddlon i Lywelyn. Casglodd ei holl nerth a thorri'n rhydd o'r blaidd. Roedd hi'n frwydr hir a gwaedlyd gyda'r ci a'r blaidd yn gwasgu'n ddwfn i gyrff ei gilydd.

Yng nghanol yr holl helynt gwnaeth y crud ddisgyn dros ben y babi. Yn ei ymdrech i amddiffyn plentyn Llywelyn llwyddodd Gelert o'r diwedd i ladd y blaidd. Roedd hwnnw'n awr yn gorwedd yn gorff llipa yng nghornel yr ystafell. Cerddodd Gelert yn gloff at y crud gan orwedd ger y babi a cheisio'i gysuro.

Ym mhen hir a hwyr clywodd Gelert ei feistr a'r cŵn yn dychwelyd o'r helfa. Clywodd gamau Llywelyn yn dod at ddrws yr ystafell a chododd yn boenus i'w ddisgwyl. Agorodd Llywelyn y drws gan weld Gelert, yn waed i gyd, yn cerdded ato. Edrychodd Llywelyn o'i gwmpas yn wyllt a gweld y crud **ben-i-waered** ar y llawr a dim sôn am ei fab yn unman. Beth oedd wedi digwydd i'r tywysog bach? Cydiodd Llywelyn yn ei gleddyf a'i wthio drwy galon Gelert. Syrthiodd Gelert yn farw wrth draed ei feistr.

ben-i-waered –
â'i ben i lawr

Yna, clywodd Llywelyn sŵn crio babi. Cododd y crud a gweld ei fab yno, heb ddiferyn o waed yn agos ato. Beth yn y byd oedd wedi digwydd? Gan afael yn y babi, cerddodd Llywelyn yn ôl at gorff Gelert a gallai weld llwybr o waed yn arwain at gornel arall. Dilynodd ei lygaid y llwybr a gwelodd, yn swp yng nghornel yr ystafell, gorff y blaidd. Sylweddolodd Llywelyn yn syth beth oedd wedi digwydd a thorrodd ei galon. Roedd yn gwybod bod Gelert wedi lladd y blaidd ac wedi achub ei fab.

Claddodd Llywelyn gorff ei gi ger afon Glaslyn lle bu'r ddau yn arfer mwynhau hela. Cariodd garreg fawr o'r afon a'i gosod ar ben y bedd, fel y byddai pawb a fyddai'n pasio yn cofio am Gelert, y ci ffyddlon.

Mae Llywelyn yn torri ei galon ar ôl yr hyn sydd wedi digwydd.

Dychmygwch mai chi ydy Llywelyn.
Ewch â'ch mab at eich gwraig a dweud yr hanes.

⭐ Rhaid i un ohonoch chi fod yn Llywelyn.

⭐ Rhaid i un ohonoch chi fod yn wraig iddo.

Beth fyddech chi'n ei ddweud wrth eich gilydd?

Sut fyddech chi'ch dau yn teimlo?

Chi ydy Llywelyn.
Ysgrifennwch lythyr at un o'ch ffrindiau yn dweud beth sydd wedi digwydd.

Bydd eisiau i chi:

- sôn am eich gwraig;

- sôn am Gelert yn gofalu am y babi;

- sôn am beth weloch chi ar ôl dod yn ôl o'r hela;

- sôn am sut oeddech chi'n teimlo cyn gweld y babi ac ar ôl sylweddoli bod y babi'n dal i fod yn fyw;

- sôn am beth wnaethoch chi gyda chorff Gelert.

UNED 2 | DARLLEN

Darllen

Trafod darllen

Wyt ti'n hoffi darllen? Pam?

Pa fath o bethau wyt ti'n eu darllen?

Oes rhaid darllen nofelau bob tro? Beth arall allwn ni ei ddarllen?

Ble a phryd wyt ti'n darllen?

Oes rhywun yn eich tŷ chi'n hoffi darllen? Pwy? Beth maen nhw'n hoffi ei ddarllen?

Sut fyddech chi'n dysgu plentyn ifanc i hoffi llyfrau? Sut fyddech chi'n ei ddysgu i ddarllen?

Darllenwch y darn yma am brint ddoe a heddiw.

Ddoe

Roedd pobl yn China yn printio ar bapur flynyddoedd maith yn ôl, tua 630 wedi geni Crist.

Yng Nghymru, roedd pobl yn cael eu newyddion drwy faledi oedd yn cael eu canu. Byddai pobl yn crwydro'r wlad yn canu caneuon hir, sef baledi, am ddigwyddiadau pwysig.

Un o'r llyfrau cyntaf yn y Gymraeg oedd 'Yny lhyvyr hwnn' yn 1546.

Cafodd **y wasg** gyntaf yng Nghymru ei sefydlu yn 1721, yn Llandyfriog, ger Castell Newydd Emlyn.

Roedd gwasg bwysig yng Ngregynog hefyd. Roedd y llyfrau oedd yn cael eu gwneud yno yn rhai drud iawn. Mae Gregynog yn dal i wneud llyfrau hardd heddiw, ac mae pobl yn talu cannoedd o bunnoedd am y llyfrau hyn.

y wasg – printing press

Heddiw

Heddiw, mae llawer iawn o **weisg** yng Nghymru, fel Gwasg Gomer yn Llandysul, y Lolfa yn Nhal-y-bont a Carreg Gwalch yn Llanrwst.

Mae gweisg heddiw yn cyhoeddi llawer iawn o lyfrau Cymraeg. Weithiau mae'r llyfrau yn cael eu gwneud mewn gwledydd eraill, fel China. Mae'n costio llawer llai o arian i wneud y llyfrau mewn gwledydd fel hyn.

Gallwch brynu llyfrau Cymraeg ar y we hefyd, ac mae gwefannau mawr Saesneg yn gwerthu llyfrau Cymraeg. Mae gan Gymru wefan gwerthu llyfrau ei hun, sef Gwales. Erbyn heddiw, mae mwy o bobl yn prynu llyfrau ar y we nac mewn siopau llyfrau.

gweisg – mwy nag un gwasg - press

LLAFAR

Beth ydych chi wedi ei ddysgu ar ôl darllen y darnau yma?

MEDDWL

Beth sydd yn gwneud llyfr da?

Dydw i byth yn dewis llyfr os ydy'r clawr yn ddiflas.

Mae llyfr da yn gorfod bod yn llyfr byr.

broliant – paragraff ar glawr cefn y llyfr

Rydw i bob tro'n darllen y cefn cyn dewis y llyfr. Os bydd y **broliant** yn ddiflas, fydda i ddim yn ei ddewis.

Llyfrau llawn ffeithiau sydd yn dda. Does dim pwrpas darllen straeon sydd ddim yn wir.

Mae'n rhaid bod y llyfr yn sôn am bethau sy'n digwydd heddiw. Dydy llyfrau am bethau sydd wedi digwydd amser maith yn ôl yn apelio dim ata' i.

Beth ydy eich barn chi?
Pa fath o lyfrau ydych chi'n hoffi eu darllen?

LLAFAR

Edrychwch ar gloriau y llyfrau yma.

Pa un sydd yn apelio atoch chi? Pam?

tudalen 19 + 20

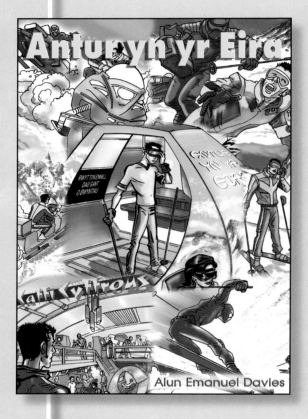

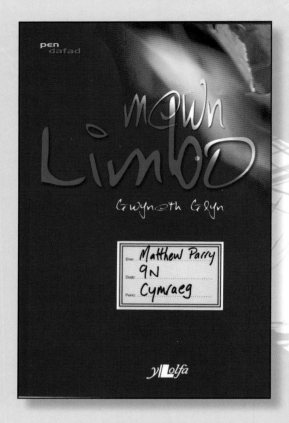

Rydych chi'n gweithio i wasg. Eich swydd chi ydy cynllunio cloriau ar gyfer llyfrau.

Dyma'r gwaith sydd gennych chi i'w wneud yr wythnos hon. Ewch ati i lunio cloriau.

Llyfr 1

Math o lyfr:	nofel ramantus
Teitl:	'Gwesty Cariad'
Cymeriadau:	dyn a dynes
Lleoliad:	gwesty yn Ffrainc
Digwyddiad:	dyn a dynes yn agor gwesty ac yn priodi

Llyfr 2

Math o lyfr:	nofel antur
Teitl:	'Adenydd Peryglus'
Cymeriadau:	pedwar o fechgyn, 15 oed
Lleoliad:	coedwig a llyn
Digwyddiad:	awyren ddieithr yn glanio yn y goedwig, a neb ynddi

Llyfr 3

Math o lyfr:	llyfr ffeithiol
Teitl:	'Pedair Olwyn'
Testun:	am bob math o beiriannau

Penderfynwch

Pa un ydych chi eisiau cychwyn gweithio arno yn gyntaf? Pam?

Cyn cychwyn, meddyliwch am y pethau yma:

 At bwy ddylai'r clawr apelio?

 Pwy ydy cynulleidfa'r nofel?

Eich swydd chi o fewn y wasg ydy creu broliant ar gyfer llyfrau.

Dyma'r gwaith sydd gennych chi i'w wneud yr wythnos hon.

Llyfr 1

Llyfr cyffrous.
Apelio at fechgyn 13 oed.
Criw o ffrindiau eisiau dechrau clwb rygbi.
Neb eisiau eu hyfforddi.

Llyfr 2

Llyfr ffeithiol.
Sôn am y tywydd, ac am bethau ofnadwy sydd wedi digwydd.
Llyfr am Gymru ac am y byd.
Llyfr sydd yn sôn hefyd am yr amgylchedd.

Llyfr 3

Llyfr o straeon byrion.
Straeon am wahanol fathau o chwaraeon.
Rhai straeon yn hapus a rhai eraill yn drist.
Straeon yn apelio at bobl ifanc.

Penderfynwch.

Pa un ydych chi eisiau cychwyn gweithio arno yn gyntaf? Pam?

Cyn cychwyn, meddyliwch am y pethau yma:

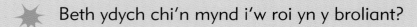   Beth ydych chi'n mynd i'w roi yn y broliant?

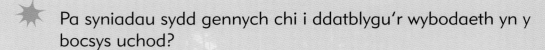   Pa syniadau sydd gennych chi i ddatblygu'r wybodaeth yn y bocsys uchod?

Ewch ati i greu broliant, tua 100 gair, ar gyfer un o'r llyfrau yma.

Y broliant ydy un o'r pethau cyntaf mae darllenydd yn ei weld. Mae'n rhaid i'r broliant fod yn gyffrous.

Edrychwch ar y ffeithiau yma.

Beth ydy eich barn chi?

Mae llyfr cyntaf Harry Potter wedi cael ei gyfieithu i 60 o ieithoedd, gan gynnwys Bengali, Almaeneg, Japaneg, Eidaleg, Gwyddeleg a Chymraeg. Mae'r holl gyfieithiadau wedi gwerthu dros 300 miliwn copi.

Mae gwasg y Lolfa yn gwrthod cyfieithu llyfrau o'r Saesneg i'r Gymraeg. Maen nhw'n dweud bod yn well ganddynt wario eu harian ar awduron Cymraeg.

Oes pwrpas cyfieithu llyfrau i ieithoedd eraill?

Oes pwrpas troi llyfrau'n ffilmiau?

Pa lyfr fyddech chi'n hoffi ei weld yn cael ei droi'n ffilm? Pam?

Ydych chi wedi gwylio ffilm sydd wedi ei haddasu o lyfr? Oeddech chi eisiau darllen y llyfr ar ôl i chi wylio'r ffilm?

Dyfodol Darllen

Mae rhai pobl yn darllen pob dim ar sgrîn y cyfrifiadur.

Ydych chi'n un o'r bobl hynny?

Meddyliwch:

* does dim rhaid prynu papurau newydd, maen nhw ar y we i'w darllen;

* does dim rhaid prynu llyfrau, maen nhw ar y we i'w darllen;

* does dim rhaid cael Geiriadur, mae rhai ar gael ar y we.

Beth fyddai'n well gennych chi?

Darllen oddi ar bapur neu oddi ar sgrîn?

LLAFAR

* Oes dyfodol i lyfrau?

* A fyddwn ni'n dal i ddarllen llyfrau mewn can mlynedd?

* A fyddwn ni'n darllen ein llyfrau ar y we?

* A fydd angen i ni ddysgu darllen o gwbl os ydy'r cyfrifiadur yn mynd i ddarllen yn ein lle?

YSGRIFENNU

Mae'n rhaid i chi greu taflen i rieni plant blwyddyn 6 yr ysgol gynradd. Nod y daflen ydy gwneud yn siŵr bod:

* rhieni'n gwrando ar eu plant yn darllen bob nos;

* rhieni'n trafod y llyfrau gyda'u plant;

* plant yn gweld eu rhieni yn darllen eu hunain.

Sut fyddech chi'n mynd ati i wneud hyn?

LLAFAR

Mae llyfrgell y dref mewn perygl o gau. Does dim digon o bobl yn defnyddio'r llyfrgell.

 Oes angen adnoddau newydd yn y llyfrgell? Beth?

 Oes angen cynnal digwyddiadau yn y llyfrgell? Beth?

MEDDWL

Mae'r Cyngor yn eich cyflogi i wneud ymgyrch farchnata er mwyn denu pobl yn ôl i'r llyfrgell.

Maen nhw eisiau i chi gyflwyno eich syniadau cyn dechrau ar y marchnata.

Syniad 1

Syniad 2

Syniad 3

Syniad 4

YSGRIFENNU

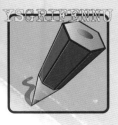

Sut ydych chi'n mynd i hysbysebu'r llyfrgell?

Dewiswch un ffordd o wneud hyn, e.e. poster, taflen wybodaeth, hysbyseb radio.

Meddyliwch am unrhyw lyfr rydych chi wedi ei ddarllen yn ddiweddar.

Mae gwefan lyfrau 'Gwales' wedi gofyn i chi ysgrifennu adolygiad o'r llyfr i'w roi ar eu gwefan.

Beth yw adolygiad?

Adolygiad o'r llyfr Gwisgo'r Crys Coch

Darllenais i lyfr Gwisgo'r Crys Coch. Awdur y llyfr ydy Elgan Philip Davies. Roeddwn i wedi dewis y llyfr oherwydd y clawr. Mae dynion mewn crysau coch yn chwarae rygbi ar y clawr. Mae llun o fachgen ifanc yn gwrando ar y radio ac yn siarad ar y ffôn ar y clawr hefyd. Rydw i'n hoffi rygbi, ac roeddwn i hefyd eisiau gwybod pwy oedd y bachgen ifanc ar y clawr.

Mae'r llyfr yn sôn am fachgen o'r enw Alun. Mae Alun wrth ei fodd yn chwarae rygbi. Mae'n chwarae rygbi drwy'r amser yn yr ardd. Mae'n esgus ei fod yn chwarae yn erbyn Seland Newydd, Ffrainc a Lloegr. Mae Alun yn eu curo bob tro! Mae Alun hefyd wrth ei fodd yn gwrando ar gêmau rygbi ar y radio. Roeddwn i eisiau gwybod pam nad oedd Alun yn gwylio'r gêmau ar y teledu. Mae'r ateb yn dod yn nes ymlaen yn y llyfr.

Mae digwyddiad cyffrous yn y llyfr pan mae Alun yn cael gwahoddiad i fod yn 'masgot' i dîm rygbi Cymru yn Stadiwm y Mileniwm. Mae'r llyfr yn sôn am yr holl gyffro sydd yn y Stadiwm, ond mae'n dweud bod Alun yn methu gweld dim. Beth sy'n bod ar Alun? Mae Alun yn ddall.

Roeddwn i wedi mwynhau'r llyfr yn fawr. Doeddwn i ddim yn disgwyl y diwedd, roedd yn dipyn o sioc. Roeddwn hefyd yn hoffi'r lluniau gan yr arlunydd, Mike Collins. Byddwn yn argymell y llyfr hwn i unrhyw un sy'n hoffi rygbi neu sy'n hoffi stori dda.

Dewiswch unrhyw lyfr rydych chi wedi ei ddarllen yn ddiweddar.

Ysgrifennwch adolygiad o'r llyfr ar gyfer gwefan Gwales.

Cofiwch ddweud pwy ydy'r awdur.

Gallwch ddweud pwy ydy'r wasg hefyd, a beth ydy pris y llyfr.

Cofiwch sôn am y clawr ac am unrhyw luniau sydd yn y llyfr.

Pa gymeriadau sydd yn apelio atoch chi? Pa fath o bobl ydyn nhw?

Oes digwyddiadau cyffrous yn y llyfr?

Beth yw eich barn chi am y llyfr? A fyddech chi'n dweud wrth rywun arall am ei ddarllen?

✸ Rhowch yr adolygiad i'ch partner i'w ddarllen.

✸ Beth ydy eu barn nhw?

✸ Sut fyddech chi'n gallu gwella'r adolygiad?

✸ Ewch ati i'w ail ddrafftio.

LLAFAR

Edrychwch ar y llun yma.

Beth sydd yn digwydd?

tudalen 26

Merch mewn tywyllwch oedd Helen Keller, a ddaeth o hyd i fyd newydd drwy lygaid a chlustiau pobl eraill. Cafodd Helen Keller ei geni ar y 27ain o Orffennaf, 1880, yn nhref Tuscumbia, Alabama, yn America.

yn ddall –
methu gweld

Aeth Helen yn sâl pan oedd yn fabi, ac aeth **yn ddall** ac **yn fyddar** wedi hyn. Pan oedd Helen yn 7 oed, aeth y teulu i weld dyn o'r enw Alexander Graham Bell (dyfeisydd y ffôn) yn Washington D.C. Ei syniad ef oedd y dylai Helen fynd i Ysgol Perkins ar gyfer pobl ddall. Yno, gwnaeth y teulu gyfarfod ag Annie Sullivan.

yn fyddar –
methu clywed

Roedd Helen wedi dysgu **cyfathrebu** gyda phobl drwy ddefnyddio arwyddion gyda'i dwylo. Weithiau, byddai'n teimlo'n flin gan nad oedd ei ffrindiau a'i theulu yn gallu ei deall. Oherwydd hyn, byddai Helen yn colli ei thymer. Yn y bôn roedd Helen yn ferch annwyl a charedig.

cyfathrebu –
communicate

Dechreuodd Annie Sullivan ddefnyddio ei bysedd i sillafu enwau pethau yn llaw Helen. Dysgodd Helen yn gyflym i wneud y patrymau gyda'i bysedd ond roedd Helen yn credu mai gêm oedd hyn. Doedd hi ddim yn fodlon gwrando ar ei hathrawes ac roedd Helen yn **ymddwyn** yn wyllt. Am beth amser, daeth Annie i fyw gyda Helen ac fe wellodd **ymddygiad** Helen. Doedd Helen ddim yn deall patrymau'r geiriau roedd Annie yn gwasgu i'w llaw.

ymddwyn –
behave

ymddygiad –
behaviour

ffynnon –
lle dŵr

Un dydd aeth Helen at **ffynnon**, ac yno sillafodd Annie y gair D - Ŵ- R yn ei llaw, cyn rhoi dwylo Helen o dan y dŵr oedd yn dod o'r pwmp. Yn sydyn, deallodd Helen fod enw ar beth oedd yn dod o'r pwmp, a bod enwau ar gyfer pob peth.

Erbyn haf 1887, bedwar mis ar ôl i Annie ddod i fyw at Helen, roedd Helen yn gallu sillafu cannoedd o eiriau a gwneud brawddegau syml. Roedd hi hefyd wedi dysgu siapiau llythrennau.

cof - memory

Yn ystod yr haf yma, dechreuodd Helen ddefnyddio'r wyddor Braille. Pan oedd Helen yn 8 oed, aeth i ysgol Perkins yn Boston. Roedd ganddi **gof** arbennig a dysgodd bethau'n gyflym iawn. Dysgodd am ieithoedd eraill fel Lladin, Ffrangeg ac Almaeneg.

Pan oedd Helen yn 9 oed, dechreuodd ddysgu sut i siarad. Roedd ei hathrawes gyntaf, Sarah Fuller, yn ei dysgu i deimlo siâp y gwefusau wrth siarad. Yn gyntaf, dechreuodd ddweud sŵn y llythrennau, ac yna eu sillafu. Ar y dechrau roedd hi'n anodd ei deall yn siarad ond gwnaeth hi ymdrech fawr.

Wrth ddysgu siarad, dysgodd Helen hefyd sut i ddarllen gwefusau gyda'i bysedd. Dechreuodd ddefnyddio y ffordd newydd yma o gyfathrebu'n syth.

brwdfrydig – llawn cyffro

Treuliodd Helen ei bywyd yn helpu eraill. Sylwodd nifer o bobl pa mor garedig a **brwdfrydig** oedd hi. Roedd ganddi nifer o ffrindiau, ond wnaeth hi ddim anghofio am y bobl dlawd ac **anabl** o'i hamgylch.

anabl – disabled

Llwyddodd Helen i fynd i goleg ac ysgrifennodd lyfr, *'The Story of my Life'*. Gweithiodd dyn o'r enw John Macy yn agos gyda Helen pan oedd hi'n ysgrifennu'r llyfr. Priododd Helen â John yn 1905. Bu farw Helen Keller ym mis Mehefin 1968, ychydig cyn ei phen-blwydd yn 88 oed.

tudalen 27 + 28

1

Beth ddigwyddodd i Helen pan oedd hi'n fabi?

2

Pam oedd Helen yn mynd yn flin?

3

Beth ddigwyddodd un diwrnod wrth y ffynnon?

4

Sut wnaeth Helen ddysgu siarad?

5

Pa fath o berson oedd Helen? Pam ydych chi'n credu hyn?

 Pe baech chi'n ddall, beth fyddech chi'n gweld ei eisiau fwyaf?

 Pe baech chi'n fyddar, beth fyddech chi'n gweld ei eisiau fwyaf?

Edrychwch ar yr wyddor Braille.
Ysgrifennwch neges gan ddefnyddio'r dotiau hyn.

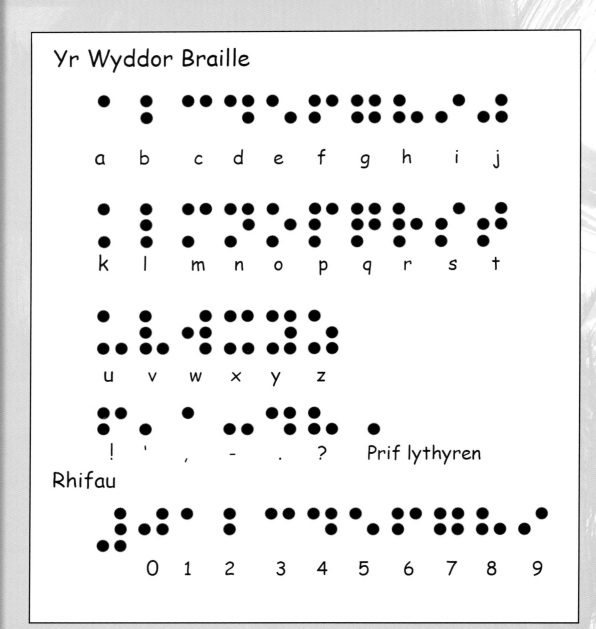

UNED 3 | **PEDAIR OLWYN**

Pedair Olwyn

Edrychwch ar yr hysbyseb yma.

Ceir Cymru y Ceir Gorau - Ceir Cymru for the best deal

Am newid car?
Cofiwch hyn.

Mae Ceir Cymru yn gwmni teuluol sydd â safleoedd gwerthu ceir ym Methel, Cerrigydrudion a'r Gaerwen.

Mae tua 200 o geir ail-law o safon mewn stoc am brisiau rhwng £1,500 a £20,000.

Mae disgownt – hyd at 10% – heb gar i'w newid. Os nad oes gennym gar i chi ar y rhestr fe chwiliwn ni am gar i'ch plesio.

Rydym yn arbenigo mewn ceir 4x4, ceir safonol a cheir chwim. Gallwch fanteisio ar ein gweithdai helaeth a gwasanaeth ein technegwyr profiadol. Mae Ceir Cymru yn cynnig gwasanaeth cyflawn. Galwch draw.

Chwiliwch am fwy o wybodaeth Gymraeg am gwmni Ceir Cymru ar wefan www.gwgl.com

✳ Rydych chi'n gyfoethog iawn. Pa fath o gar fyddech chi eisiau ei brynu? Pam?

✳ Pa fath o geir dydych chi ddim yn eu hoffi? Pam?

✳ Beth sydd yn bwysig mewn car? Pam ydych chi'n credu hyn?

Edrychwch ar y geiriau yma.
Beth ydy ystyr y geiriau?

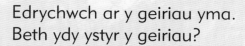

cyflymder	pŵer
llywio	olwynion
dioglewch	teithwyr

Rhowch bob un o'r geiriau mewn brawddeg.

Mae'n rhaid bod yn ofalus cyn prynu car ail-law.

Darllenwch y cyngor hwn.

Cyngor ar brynu car ail-law

Byddwch yn ofalus o rifau ffôn symudol.

Gwnewch drefniadau i weld y car yng ngolau dydd.

Ceisiwch fynd i gartref y gwerthwr i weld y car.

Gwnewch yn siŵr bod y perchennog yn gwybod sut mae popeth ar y car yn gweithio ac yn dangos hynny i chi.

Peidiwch byth â thalu am gar gydag arian parod.

Byddwch yn siŵr eich bod yn gwneud y dewis cywir.

Os dydych chi ddim yn siŵr – ewch adref i feddwl.

LLAFAR

★ Pa un o'r pwyntiau hyn sydd fwyaf pwysig yn eich barn chi? Pam?

★ Pa un o'r pwyntiau hyn sydd lleiaf pwysig yn eich barn chi? Pam?

★ Oes angen unrhyw beth arall ar y rhestr? Beth?

DARLLEN

Rydych chi'n gweld yr hysbyseb hwn mewn papur newydd.

AR WERTH

Car:	Audi A4, 5 drws
Pŵer:	1.8
Oed:	2 flwydd oed
Milltiroedd:	32,000
Lliw:	Arian

Ffoniwch   07777 771 1771

LLAFAR

Mae gennych chi ddiddordeb yn y car.
Rydych chi'n ffonio'r rhif er mwyn gwneud trefniadau i weld y car.

Rhaid i chi weithio mewn parau.
Rhaid i un ohonoch chi actio perchennog yr Audi.
Rhaid i un ohonoch chi actio'r person sydd eisiau ei brynu.

Rhaid i chi wneud trefniadau i gwrdd.
Cofiwch am y cyngor i bobl sydd yn prynu ceir ail-law.

Rhaid i chi holi am fwy o fanylion am y car.
Rhaid i'r perchennog drafod pris y car.

Yng ngwledydd Prydain, mae'n rhaid bod yn 17 oed er mwyn cymryd eich prawf gyrru ac ennill trwydded yrru lawn.

Edrychwch ar reolau gyrru gwahanol wledydd ar draws y byd.

Yn Awstralia mae angen bod yn 16 oed i wneud cais am drwydded. Ond, mae'n rhaid cael o leiaf 120 awr o wersi cyn ennill rhan gyntaf trwydded yrru.

Yng ngwledydd Prydain, mae'n rhaid bod yn 21 oed i yrru bws mini neu fws. Mae'n rhaid bod yn 17 oed i yrru tractor.

Yng ngwledydd Prydain gallwch yrru beic modur yn 16 oed. Dydy'r beic modur ddim yn cael gwneud mwy na 50km/awr.

Mewn nifer o wledydd mae'n rhaid bod yn 18 oed er mwyn gyrru car – gwledydd fel Denmarc, Norwy, Y Swistir a China.

Mae'r rheolau dipyn yn wahanol yn Unol Daleithiau America. Mae pob talaith yn penderfynu ar yr oed ar gyfer gyrru gwahanol gerbydau. Yn Alaska, gallwch yrru beic modur a char yn 14 oed. Yn Kansas, mae modd gyrru car yn 14 oed cyn belled â bod oedolyn gyda chi. Yn California a Florida mae modd ennill trwydded i yrru car yn 15 oed.

Ydych chi'n credu y dylai'r oed gyrru car yng Nghymru fod yn uwch na 17 oed neu'n is?

Pam ydych chi'n credu hyn? Beth ydy eich rhesymau?

Darllenwch yr hanes am y ceir cynharaf.

dyfeisio – gwneud

amgueddfa – lle cadw hen bethau

arbrofi – ceisio rhywbeth newydd

cerbyd – *vehicle*

cledrau – *tracks*

tanwydd – beth sy'n gwneud i'r car fynd, *fuel*

cynhyrchu – creu

Yn 1769 roedd Nicholas Cugnot wedi **dyfeisio cerbyd** a oedd yn defnyddio pŵer i symud. Mae copi o'r cerbyd cynnar hwn i'w weld mewn **amgueddfa** ym Mharis heddiw. Cafodd cerbyd arall ei adeiladu yn Ffrainc yn 1770. Doedd y cerbyd hwn ddim yn mynd yn gyflym iawn – roedd yn teithio ar ddwy filltir yr awr! Roedd angen **cledrau** ar bob un o'r cerbydau hyn er mwyn iddynt symud. Roedden nhw'n gerbydau trwm dros ben, ac yn fwy tebyg i drenau nag i geir.

Erbyn 1830 roedd llawer iawn o bobl yn ceisio creu cerbyd a fyddai'n gallu symud heb fod ar gledrau. Roedd pobl yn **arbrofi** gyda phob math o bethau. Roedden nhw hyd yn oed wedi ceisio defnyddio powdwr gwn fel **tanwydd**. Doedd hyn ddim wedi gweithio! Dau o'r cwmnïau mwyaf llwyddiannus yn ystod y cyfnod hwn oedd cwmni o'r enw Daimler ac un arall o'r enw Benz – dau gwmni o'r Almaen.

Erbyn 1888 roedd beiciau modur a beiciau tair olwyn wedi cael eu **cynhyrchu**. Yn 1891 roedd cwmni o'r enw Daimler yn cynhyrchu ceir. Yn 1896 dechreuodd dyn o'r enw Henry Ford gynhyrchu ceir a gwerthodd ei gar cyntaf am $200.

Aeth y cwmni i drafferth a wnaethon nhw ddim gwerthu car arall tan 1903. Erbyn hyn, roedd Ford yn llwyddiannus iawn. Torrodd car Ford record cyflymder y byd trwy deithio milltir mewn 39 eiliad.

Yn 1908, dechreuodd y cwmni gynhyrchu car Model T a ddaeth **yn boblogaidd** iawn. Roedd modd prynu'r Model T am $825 ac roedd y pris yn gostwng bob blwyddyn. Erbyn 1914, roedd 250,000 o geir Model T wedi cael eu gwerthu.

Yng ngwledydd Prydain roedd ceir yn datblygu dipyn yn arafach. Un o'r rhesymau am hyn oedd y rheolau roedd y **llywodraeth** wedi eu creu. Roedd **deddf** 1865 yn dweud bod rhaid i ddyn yn cario baner goch gerdded o flaen pob cerbyd fel rhybudd i bawb arall. Doedd y cerbydau ddim yn cael teithio mwy na pedair milltir yr awr, a dwy filltir yr awr drwy drefi a phentrefi. Roedd y rheolau hyn yn bod am dros dri deg o flynyddoedd.

Heddiw, mae ceir yn cael eu cynhyrchu mewn 35 o wledydd gwahanol ar draws y byd. Mae dros 40 miliwn o geir yn cael eu cynhyrchu bob blwyddyn.

yn boblogaidd – llawer o bobl eisiau un

llywodraeth – pobl sy'n rheoli'r wlad

deddf – rheol, *law*

tudalen 41

tudalen 42

Ar ôl darllen y darn, ewch ati i chwilio am y wybodaeth yma:

1 Ar beth oedd y cerbydau stêm cyntaf yn teithio?

2 Beth oedd Daimler a Benz?

3 Beth oedd pris car cyntaf Henry Ford?

4 Beth oedd y record yr oedd car Ford yn ei ddal?

5 Beth oedd yn arbennig am gar y Model T?

6 Soniwch am y deddfau ceir oedd yn bod ym Mhrydain.

7 Heddiw, sawl car sydd yn cael eu cynhyrchu bob blwyddyn?

8 Beth, yn eich barn chi, fydd yn arbennig am geir y dyfodol?

1 Beth ydy'r ffaith fwyaf diddorol i chi ei dysgu?

2 Beth arall fyddech chi'n hoffi'i wybod am hanes ceir?

3 Ble allech chi ddod o hyd i'r wybodaeth honno?

DARLLEN

Dyma hanes car y Bluebird, sydd â chysylltiad gyda traeth Pentywyn, yn Sir Gaerfyrddin. Mae'n draeth hardd, ac mae darn syth a gwastad yno sy'n saith milltir o hyd.

cyflymder tir –
y mwyaf cyflym ar y tir

1 Ar 25ain Medi, 1924 cafodd record **cyflymder tir** ei chwalu gan ddyn o'r enw Malcolm Campbell. Roedd e'n gyrru car y V12 Sunbeam Bluebird. Aeth y car mor gyflym â 146 milltir yr awr ar draeth Pentywyn, ger Llanelli.

2 Roedd Campbell wedi clywed bod Clwb Moduro Caerfyrddin yn defnyddio'r traeth ar gyfer rasio. Penderfynodd y byddai'n beth da i geisio torri record cyflymder y byd ar dir Cymru.

yn arw –
gwynt a glaw

cynllunio –
creu

3 Roedd Campbell eisiau torri'r record ar ddechrau Medi 1924. Roedd y tywydd yng Nghymru mor wael, roedd yn rhaid iddo aros tan ddiwedd y mis i geisio torri'r record.

4 Ar Fedi 25ain roedd y tywydd ym Mhentywyn yn dal i fod **yn arw**. Roedd Campbell wedi cael llond bol ac fe benderfynodd **gynllunio** trac ar y tywod.

5 Roedd rhaid bod yn ofalus ar y tywod gwlyb a oedd yn arafu'r car. Roedd hefyd perygl y byddai'r car yn llithro.

6 Torrodd Campbell record cyflymder y byd. Yr hen record oedd 145 milltir yr awr yn Ffrainc, gan ddyn o'r enw Eldridge.

tudalen 44

Dychmygwch eich bod chi'n ohebydd papur newydd. Rydych chi ar y traeth pan mae Campbell yn torri'r record cyflymder.

Rydych chi'n cael cyfle i gynnal cyfweliad gyda Campbell.
Rydych chi'n cael cyfle i holi tri chwestiwn.
Beth fyddai'r cwestiynau?

Mewn parau, mae'n rhaid i:

* ✦ un ohonoch chi fod yn Campbell;
* ✦ un ohonoch chi fod yn ohebydd papur newydd.

Holwch y cwestiynau i'ch gilydd a chadwch yr atebion.

YSGRIFENNU

Mae'n rhaid i chi ysgrifennu adroddiad papur newydd ar yr hyn ddigwyddodd ar draeth Pentywyn.

Rydych chi'n ysgrifennu'r adroddiad ar Fedi 26ain, 1924.

Sut mae ysgrifennu adroddiad papur newydd?

tudalen 45, 46 + 47

> Bydd angen pennawd ar yr adroddiad.

> Bydd angen ysgrifennu mewn dwy golofn.

> Bydd angen cynnwys ffeithiau yn yr adroddiad, e.e. y dyddiad, enw'r gyrrwr.

> Bydd angen creu awyrgylch, e.e. pa fath o dywydd, sut oedd pobl yn teimlo.

> Bydd angen cyfweld pobl.
> Edrychwch ar y cyfweliad wnaethoch chi ei gynnal i gael syniadau.

> Bydd angen ysgrifennu adroddiad sydd yn glir a threfnus.
> Gallwch ddefnyddio'r cyfrifiadur.

Mae gan yr holl geir hyn gysylltiad â Chymru.

Austin Pedal Car

Tegan oedd y car pedal a gafodd ei wneud gan gwmni ceir Austin. Agorodd cwmni Austin ffatri ym Margoed yn 1940. Roedd 250 o ddynion yn gweithio yno. Roedd hi'n ffatri wahanol i'r arfer. Y Llywodraeth oedd wedi talu am y ffatri. Roedd **glowyr** anabl yn gweithio yn y ffatri yn gwneud y ceir tegan i'w gwerthu i wledydd **ym mhedwar ban y byd**. Cafodd 32,098 o geir tegan eu gwneud yno. Gwnaeth y ffatri stopio gwneud y ceir tegan yn 1971.

glowyr – gweithio yn y pyllau glo

ym mhedwar ban y byd – ar hyd y byd i gyd

Car y Gilbern

Dyma'r unig gar erioed i gael ei wneud yng Nghymru. Roedd y cwmni wedi'i sefydlu ger Pontypridd gan ddau ddyn o'r enw Giles Smith a Bernard Friese yn 1959. Car cyflym oedd y Gilbern wedi'i wneud i **ansawdd uchel** iawn. Roedd gan y Tywysog Charles ac Anthony Hopkins gar Gilbern. Roedd y cwmni'n **cynhyrchu** 1 car y mis a chafodd 1,000 eu gwneud i gyd. Roedden nhw'n geir o'r ansawdd gorau ac mae 500 ar y ffordd heddiw. Daeth y cwmni i ben yn 1973.

ansawdd uchel – wedi'i wneud yn dda

cynhyrchu – creu

Sinclair C5

Roedd llawer iawn o sôn am y Sinclair C5 pan gafodd ei wneud gyntaf yn Ionawr 1985. Car trydan oedd hwn yn rhedeg ar fatri. Roedd ganddo dair olwyn ac roedd yn cael ei werthu am £400. Roedd y dyn wnaeth **ddyfeisio**'r car, Syr Clive Sinclair, yn credu y byddai'r car yn llwyddiant mawr. Roedd e'n anghywir. Cafodd cwmni Hoover ym Merthyr Tudful gytundeb i gynhyrchu'r car. Doedd pobl ddim yn prynu'r car oherwydd doedd hi ddim yn hawdd ei yrru mewn tywydd gwlyb. Roedd rhai'n credu bod y C5 yn beryglus ar ffyrdd prysur. Cafodd y car ei wneud am 9 mis a daeth y cwmni i ben yn Hydref 1985.

Car NARO

Mae'r car NARO yn cael ei gynhyrchu yn Abercynon. Mae ganddo 4 olwyn ac mae'n un metr o hyd. Mae'n hawdd i'w barcio ac mae'n defnyddio llawer llai o **danwydd** na cheir eraill. Felly, mae'n dda i'r amgylchedd. Mae'n gallu teithio 100 milltir i bob galwyn o betrol.

tudalen 48

Mae'n rhaid i'ch grŵp greu car Cymreig.
Bydd y car hwn yn cael ei adeiladu yng Nghymru.
Mae'n rhaid iddo fod yn gar y byddai pobl o Gymru eisiau ei yrru.

Trafodwch y pethau hyn:

- siâp a chynllun y car

- lle i faint o bobl

- cyflymder

- beth sydd yn cynhyrchu'r pŵer – e.e. petrol, batri, golau

- nodweddion o Gymru

- enw i'r car

- unrhyw bethau arbennig eraill

Gwnewch lun o'r car a'i labelu.

Mae'n rhaid i chi wneud hysbyseb papur newydd er mwyn gwerthu'r car Cymreig newydd.

Pa eiriau sydd eu hangen er mwyn perswadio pobl i brynu'r car newydd?

Cyfle arbennig i …	**Car i bob Cymro …**
Gwnewch yn siŵr eich bod yn …	**Nodweddion arbennig fel …**

Ewch ati i greu'r hysbyseb papur newydd.

Gallwch ddefnyddio'r cyfrifiadur er mwyn creu hysbyseb sydd yn dal llygaid pobl.

Mae Caryl Lewis wedi ysgrifennu llyfr i bobl ifanc am geir rali. Enw'r llyfr ydy *Sgwbidŵ Aur*. Enw arall ar gar Subaru yw'r 'Sgwbidŵ' yn y llyfr hwn.

Mae Colin yn helpu'i dad i gyd-yrru mewn rali bwysig.

Rhif chwech deg oedden ni. Roedd hynny'n meddwl y bydden ni'n dechrau am hanner nos gan fod car yn mynd mas bob munud. Byddai'r pac o sticeri, a oedd i'w dangos ar ochor y car, a'r **cyfarwyddiadau** munud ola yn cael eu rhoi i ni rhyw bum munud ar hugain cyn i ni ddechrau. Astudiais y mapiau a oedd ar yr olwg gynta'n edrych fel gwe pry cop lliwgar. Yr unig beth byddai'n rhaid i mi ei wneud, ar ôl cael y cyfarwyddiadau ola, fyddai marcio'r **gorsafoedd rheoli** ar y map yn ogystal â'r trionglau o gwmpas y rheiny. O ie, a gwneud yn siŵr na fydde Dad yn mynd ar goll. Dechreuais chwysu.

Daeth ein tro. Y prawf ar sŵn y car oedd gynta. Roedd yn rhaid sicrhau nad oedd y car yn gwneud gormod o sŵn cyn y câi gystadlu gan fod y ceir yn mynd heibio tai pobol ganol y nos. Arhosodd Dad a finne'n nerfus. Nodiodd y **marsial** a dweud wrthon ni am symud 'mlaen. Anadlodd Dad yn ddwfn. Nesa, yr **archwiliad**. Tîm o bobol yn edrych ar y car o safbwynt iechyd a diogelwch ac i wneud yn siŵr bod y car yn ffit at gyfer y rali. Gofynnwyd i Dad arwyddo ffurflen i mi gael nafigêto am 'y mod i dan ddeunaw. Ar ôl sbel, cael ein galw i symud mlaen eto a gwên fawr ar wyneb Dad. ...

Roedd hi'n noson glir a'r tywyllwch yn dechrau cau amdanon ni. Roedd rhai, a oedd wedi **ffaelu**'r archwiliad, wrthi'n brysur yn **goresgyn** eu problemau ac yn **gorffod** mynd trwy'r un broses unwaith 'to. Roedd y dorf yn tyfu ac ro'n i'n gwybod byddai llawer iawn mwy o bobol o gwmpas y cwrs. Roedd y cefnogwyr brwd yn tynnu lluniau'r ceir ac roedd yr orsaf radio leol yn cyfweld rhai o'r cystadleuwyr wrth iddyn nhw aros. Roedd Dad yn dawel. Yn dawel iawn, ac yn llwyd fel y lleuad.

cyfarwyddiadau – beth i'w wneud

gorsafoedd rheoli – llefydd ble mae'r stiwardiaid

archwiliad – gwneud yn siŵr bod y car yn ddiogel – *inspection*

marsial – stiward

goresgyn – gwneud rhywbeth am y peth

gorffod – gorfod

ffaelu – methu

own –
oeddwn

"Ti'n iawn nawr on'd wyt ti?" gofynnodd fel petai'n ceisio cysuro ei hun yn fwy na dim. Nodiais yn dawel oherwydd nad **own** i eisiau dangos iddo fe bod 'na gryndod yn fy llais.

"Byddwn ni'n cael y cyfarwyddiadau ola nawr mewn sbel ac wedyn bydd rhaid i ti farcio popeth i mewn. Ocê?"

Nodiais eto. Ro'n i wedi bod yn plotio'r ralis ma 'da Dad ers pan o'n i'n fach. Rhyw fath o gêm rhyngon ni, gan fod mapiau a phob dim yn ymwneud â ralio ar hyd y tŷ ers pan dwi'n cofio. Ond roedd hyn yn wahanol. Gallwn i ei anfon ar y ffordd anghywir a cholli amser, neu golli fy lle ar y map ac wedyn fe fyddai'r cyfan drosodd. Aeth Dad allan i tsecio'r **hysbysfwrdd** rhag ofn bod yna unrhyw newidiadau yn y rheolau, gan y byddai hyn yn digwydd weithiau. Clywais y ceir cynta'n gadael a'r dorf yn gweiddi. Roedd rhai gyrwyr yn sefyll mewn grwpiau'n siarad â'i gilydd. Roedd rhain yn cyfarfod bob Sadwrn yn rhywle ac roedd 'na dipyn o dynnu coes yn enwedig ar y rhai a orffennodd eu rali mewn cae. ...

hysbysfwrdd –
ble mae'r
negeseuon

Daeth gwyneb dyn i'r ffenest. "60, co ni. Pob lwc."

Pasiodd y dyn mawr yn ei siaced felen liwgar becyn drwy'r ffenest. Pasiodd y papurau draw ata i.

"Bwr ati nawr."

Edrychais ar y papur a dechrau marcio ar y map o 'mlaen. Roedd 'na un newid i'r map cynta. Tseciais bopeth tua chwech gwaith. Daeth Dad yn ôl i mewn. Roedd yr harnes yn eitha tynn o gwmpas 'y nghorff i a 'nhraed i fyny ar y bar oedd wedi ei osod yno i mi gael eu gorffwys nhw arno. Symudodd Dad y car ymlaen ar ôl i rywun weiddi arno fe.

Edrychais ar y cloc. Deg munud. Roedd chwys yn diferu i lawr fy nghefen. Edrychais ar y mapiau unwaith eto er 'mod i'n gwbod y cyfarwyddiade am y milltiroedd cynta ar y 'nghof beth bynnag. Roedd sŵn y ceir yn refio yn gwneud i'm stumog i droi. Ymlaen dipyn bach eto. Chwech car i fynd. Pump. Pedwar. Plygiais y **Poti** i mewn i'r plyg er mwyn medru edrych trwyddo at y map. Tri. Dau. Rhif 60.

"Ocê, bant â ni te Col!"

Poti –
lamp fach

tudalen 50

Mewn parau, trafodwch y pwyntiau yma:

✸ Beth oedd swydd Colin?

✸ Sut oedd e'n teimlo am hyn?

✸ Pam bod rhaid i Dad lenwi ffurflen?

✸ Mae Dad yn "llwyd fel y lleuad".
Pam?

✸ Sut oedd Colin yn eistedd yn y car?

✸ Beth ydych chi'n credu fydd yn digwydd yn y rali?

tudalen 51

Edrychwch ar y llun yma o gar rali.

Disgrifiwch y llun.
Pa fath o eiriau sydd yn dod i'ch meddwl?
Sut mae'r car yn edrych?
Sut ydych chi'n meddwl mae'r gyrrwr a'r cyd-yrrwr yn teimlo?

Aeth 'Sgìl!' i gyfweld Dorian Rees, dyn sydd wedi cynrychioli Cymru yn ralïo.

Sgìl: Ble wyt ti'n byw a faint ydy dy oed di?

Dorian: Dw i'n byw yn Cwmsychbant, Llanybydder a dw i'n 31 mlwydd oed.

Sgìl: Pryd wnest ti ddechrau ralïo Dorian?

Dorian: 1999.

Sgìl: Pryd wnest ti ddechrau gyrru?

Dorian: Adre ar y fferm pan oeddwn i'n saith oed.

Sgìl: Sut wnest ti gymryd diddordeb mewn ralïo?

Dorian: Roedd gen i ddiddordeb wedi bod erioed mewn pethau oedd yn mynd yn gyflym, beth bynnag oedd y cerbyd – o go-cart i dractor!

Sgìl: Beth ydy dy hoff gar rali a pham?

Dorian: Skoda Octavia (car y byd WRC), achos dyma'r car cyflymaf dw i wedi ei yrru hyd yn hyn.

Sgìl: Oes diddordebau eraill gyda ti? Beth ydyn nhw?

Dorian: Rhedeg a nofio.

Sgìl: Beth ydy dy brif lwyddiannau hyd yn hyn?

Dorian: Ennill teitl Pencampwriaeth Prydain, Grŵp N, yn 2004.

Sgìl: Beth am y dyfodol?

Dorian: Dw i'n gobeithio gweld y busnes dw i wedi ei sefydlu, sy'n gofalu am geir rali i wahanol gwsmeriaid, yn mynd o nerth i nerth.

Sgìl: Diolch yn fawr am dy amser di.

Dorian Rees

Y Car

Ffeithiau

Subaru Impreza

Injan 2 litr gyda 'turbocharger'

270 bhp

Gyriant 4 olwyn

UNED 4 | **MENTRO**

Mentro

Darllenwch y ffeithiau yma.

Mae dyn o'r enw Paul Landry, o Ganada, wedi cerdded i Begwn y De ac i Begwn y Gogledd saith gwaith.

Mae Apa Sherpa, o Nepal, wedi dringo mynydd Everest 16 o weithiau. Everest ydy mynydd uchaf y byd – mae'n 8,848 metr.

Yn 2004, gwnaeth Karl Unterkircher, o'r Eidal, ddringo Everest. Ef oedd y dyn cyntaf erioed i wneud hyn heb ddefnyddio ocsigen o botel.

Hwyliodd Ellen McArthur, o Brydain, o amgylch y byd ar ei phen ei hun. Hi oedd y person cyflymaf erioed i wneud y daith hon. Cymerodd y daith 71 diwrnod, 14 awr ac 18 munud.

Y record am y car mwyaf cyflym ar dir ydy cyflymder o 763 milltir yr awr. Dyn o'r enw Andy Green, o Brydain, oedd yn gyrru'r car.

✦ Ydy hi'n bwysig mentro?

✦ Ai dim ond y bobl sy'n gwneud rhywbeth am y tro cyntaf sydd yn cael eu cofio?

Mae pawb yn gwybod am Edmund Hillary – y dyn cyntaf i ddringo i gopa Everest. Roedd Cymro o Aberaeron, Charles Evans, wedi ceisio cyrraedd copa Everest dri diwrnod cyn Edmund Hillary. Dyma ei hanes ef.

CONCRO EVEREST

llethrau'r mynydd

copa'r mynydd

troed y mynydd

crib y mynydd

godre'r mynydd

Yn Asia y mae mynyddoedd Himalaya. Un o fynyddoedd Himalaya ydy Everest, a hwnnw ydy'r mynydd uchaf yn y byd. Ar hyd y blynyddoedd fe geisiodd llawer **dringwr** dewr gyrraedd copa Everest, ond bu'r dasg yn ormod iddynt bob tro. Collodd nifer o'r dringwyr eu bywydau, ond doedd hynny ddim yn ddigon i gadw pobl draw. Roedd pob **dringwr gwerth ei halen** eisiau dringo Everest.

dringwr – person sy'n dringo

dringwr gwerth ei halen – dringwr da

Yn y flwyddyn 1953, cychwynnodd nifer o ddringwyr **profiadol** tua godre'r mynydd, o dan arweiniad John Hunt. Wrth droed Everest gwelodd y dringwyr goed tal yn tyfu ac roedd dŵr clir a phur yn y nentydd. Roedd yn olygfa hardd dros ben.

profiadol – experienced

Ond, wedi dringo'n uwch, daeth y dynion at lethrau lle nad oedd fawr ddim yn tyfu.

deuddeg mil o droedfeddi – 12,000 feet

Wedi dringo **deuddeg mil o droedfeddi**, cododd y dringwyr eu gwersyll. Roedden nhw'n treulio dyddiau yn dringo'r llethrau er mwyn cael digon o ymarfer cyn mynd ymlaen tua'r copa.

gorchymyn –
order

trwchus –
tew

bwyell –
axe

pebyll –
tents

uwchlaw'r môr –
above sea level

anrhydedd –
honour

Roedd John Hunt, yr arweinydd, yn teimlo bod ei ddringwyr wedi dod i adnabod y mynydd yn ddigon da. Rhoddodd **orchymyn** i bawb symud yn uwch i fyny Everest. Cyn bo hir, roedden nhw yng nghanol eira **trwchus** a llithrig.

Weithiau, byddai'n rhaid dringo llethrau mor serth â thalcen tŷ. Roedd pob un dringwr yn cario **bwyell** fach i dorri lle i roi ei draed yn yr iâ, ac roedd gan bob un raff am ei ganol. Roedden nhw'n cysgu bob nos yn yr eira, ac roedden nhw'n gorfod cario eu **pebyll** ar eu cefnau yn ystod y dydd.

Aeth mis heibio â'r dringwyr yn ymladd gyda'r mynydd o hyd. Erbyn hyn roedden nhw 27,300 o droedfeddi **uwchlaw'r môr**, ac roedd y dringo'n mynd yn fwy anodd bob dydd.

Ond, yr oedd dwy fil o droedfeddi ar ôl eto cyn cyrraedd copa'r mynydd uchaf yn y byd.

Yn y fan yma, sefydlodd John Hunt ei wersyll olaf a phenderfynodd anfon dau ddringwr yn unig i geisio cyrraedd y copa. Roedd yn rhaid iddo ddewis ei ddau ddringwr mwyaf medrus.

Pwy oedd i gael yr **anrhydedd** o sefyll am y tro cyntaf erioed ar ben Everest?

Dewisiodd Charles Evans, Cymro a llaw-feddyg o Aberaeron yn wreiddiol. Ei bartner ar y daith oedd gwyddonydd o'r enw Tom Bourdillon.

Un bore, gadawodd y ddau eu ffrindiau ar ôl a dringo drwy'r eira gwlyb tuag at grib y mynydd ymhell uwch eu pennau. Cyn bo hir, roedden nhw'n edrych fel dau smotyn bach ar y llethrau gwynion. Roedd eu ffrindiau yn eu gwylio nhw bob cam o'r ffordd. Cyrhaeddodd y ddau uchder o 28,700 o droedfeddi, yna aethant o'r golwg.

"Maen nhw wedi'i gwneud hi!"

"Maen nhw wedi concro Everest!" meddai eu ffrindiau ymhell islaw.

Ond na, doedd hynny ddim yn wir.

Mae dau gopa i Everest, un ychydig yn is na'r llall. Cyrhaeddodd y ddau y copa isaf yn ddiogel, ond roeddent yn gweld nad oeddent eto wedi cyrraedd y grib uchaf. Ond, roedden nhw'n gallu ei weld. Doedd y copa ddim ymhell o'r fan lle'r oedd y ddau yn sefyll. Roedd y ddau wedi blino ar ôl dringo cymaint. Yn waeth na hynny, doedd **mwgwd ocsigen** Charles Evans ddim yn gweithio'n iawn – doedd e ddim yn medru **anadlu** heb drafferth. Beth i'w wneud? Oedden nhw'n mynd i fentro ymlaen nes cyrraedd y copa uchaf? A oedd digon o amser cyn iddi nosi?

mwgwd ocsigen – *oxygen mask*

anadlu – *breathe*

Edrychodd y ddau tua'r copa a gweld y cymylau'n chwyrlïo o'u cwmpas. Penderfynodd y ddau na allen nhw gyrraedd y copa y diwrnod hwnnw, a throi yn ôl tua'r gwersyll.

Dri diwrnod wedyn roedd dau ddringwr arall, o'r enw Edmund Hillary a 'Tiger' Tensing wedi cychwyn o'r gwersyll tua'r copa. Bu'r mynydd yn ceisio rhwystro'r ddau yma rhag sefyll ar y copa, ond o'r diwedd concrodd y ddau Everest!

Yna aeth y ddau i lawr yn hapus at eu ffrindiau. Pan ddaeth pobl i wybod bod Everest wedi ei ddringo'n llwyddiannus, roedd pawb yn synnu, ac aeth sôn am y dringwyr dewr drwy'r byd i gyd.

LLAFAR

Pa fath o le oedd Everest ar y cychwyn?

Sut oedd y dringwyr yn byw ar y mynydd?

Beth yn union ddigwyddodd i Charles Evans?

Beth ddigwyddodd dri diwrnod wedyn?

Ydych chi'n credu bod y dringwyr wedi mentro?
Sut a pham?

YSGRIFENNU

Dychmygwch mai chi ydy Charles Evans.

Ysgrifennwch ddau gofnod yn eich dyddiadur.

* Un cofnod cyn i chi geisio dringo i gopa Everest gyda Tom Bourdillon.

* Un cofnod wedi i chi gyrraedd yn ôl i'r gwersyll.

PARATOI AR GYFER Y DYDDIADUR

tudalen 56, 57, 58 + 59

Cyn ceisio dringo	Wedi cyrraedd yn ôl

Beth ddigwyddodd?

Sut oeddech chi'n teimlo?

Beth sydd yn rhaid i chi ei gofio wrth ysgrifennu dyddiadur?

Chi ydy'r person sydd yn ysgrifennu:
Rydw i'n...
Mae'n rhaid i fi...

Rydych chi'n ysgrifennu am bethau sydd yn mynd i ddigwydd:
Tybed os fydd...

Rydych chi'n ysgrifennu am bethau sydd wedi digwydd:
Gwelais...
Teimlais...

Rydych chi'n sôn am deimladau hefyd:
Rydw i'n teimlo'n...
Roeddwn i'n...

Wedi i chi orffen, rhowch eich dyddiadur i'ch partner. Darllenwch ddyddiadur eich partner yn ofalus iawn.

Trafodwch y dyddiadur gan ddweud:

tudalen 60

☀ beth sydd yn dda

☀ beth sydd eisiau ei wella

Ail ddrafftiwch y dyddiadur ar ôl cael y cyngor hwn.

tudalen 61

Cysylltiad Cymru ag Everest

Cymro o Sir Frycheiniog oedd Syr George Everest. Yn 1830, cafodd y gwaith o greu map o'r India. Daeth o hyd i fynydd uchel iawn. Yr enw cyntaf ar y mynydd oedd 'Mynydd 15'. Cafodd yr enw ei newid i enw'r dyn a roddodd y mynydd ar y map – Everest. Yr enw lleol ar y mynydd ydy Chomolungma.

Roedd y criw a ddringodd Everest am y tro cyntaf wedi bod yn ymarfer yng Nghymru. Roedd y dringwyr wedi aros yn Eryri am 6 mis, cyn ceisio concro Everest yn 1952. Arhosodd y criw yng ngwesty Pen-y-Gwryd. Mae waliau'r gwesty yn llawn o bethau roedd y dringwyr wedi'u defnyddio wrth goncro Everest – gan gynnwys y rhaff a ddefnyddiodd Edmund Hillary i gyrraedd y copa.

Bob blwyddyn, mae'r dringwyr oedd yn rhan o'r tîm cyntaf i goncro Everest yn cwrdd yn y gwesty er mwyn dathlu. Rydych chi wedi darllen hanes y Cymro, Charles Evans, a oedd yn rhan o'r tîm o ddringwyr.

Y Cymro cyntaf i gyrraedd copa Everest oedd Caradog Jones, yn 1995. Cymro hefyd oedd y dyn anabl cyntaf i gyrraedd y copa – Tom Whittaker.

Enw un o rannau mynydd Everest ydy 'Cwm'. Criw dringo Hillary wnaeth enwi'r rhan hwn o'r mynydd, ac mae'r enw'n dod o'r cyfnod y buon nhw yn ymarfer yng Nghymru.

Roedd rhai dringwyr wedi ceisio dringo Everest yn 1922. Wnaethon nhw ddim llwyddo. Un o'r dringwyr hyn oedd Andrew Irvine, a oedd yn dod yn wreiddiol o'r Bala. Bu farw Irvine ar y mynydd, ac mae ei gorff yno hyd heddiw.

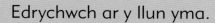

Edrychwch ar y llun yma.

Dyma lun o esgidiau dringo Edmund Hillary.

Roedd criw o ddringwyr o'r Swistir yn dringo Everest yr un pryd â chi.
Chi wnaeth gyrraedd gyntaf!

Dychmygwch mai chi oedd yn gwisgo'r esgidiau yma.
Sut fyddech chi'n teimlo wrth sefyll ar ben copa mynydd uchaf y byd?
Chi ydy'r person cyntaf i wneud hyn!

DARLLEN

Darllenwch y ffeith-ffeil hwn am Caradog Jones, Cymro arall i gyrraedd copa Everest yn 1995.

Enw:	Caradog Jones. Llawer yn ei alw'n 'Crag'.
Geni:	1962, ym Mhontrhydfendigaid, ger Tregaron.
Camp:	Cyrraedd copa Everest – y Cymro cyntaf i wneud hynny.
Pryd:	Mai 23ain, 1995
Oed:	Roedd Caradog Jones yn 33 oed yn concro Everest, yr un oed ag Edmund Hillary.
Ffaith ddiddorol 1:	Doedd dim digon o fwyd nac ocsigen gan griw dringo Caradog Jones. Daethon nhw o hyd i 3 potel ocsigen ar y mynydd. Roedd grŵp arall o ddringwyr wedi eu gadael ar ôl yno. Daethon nhw o hyd i becynnau o fwyd ar y mynydd hefyd.
Ffaith ddiddorol 2:	Ymunodd dringwr o America â nhw ger y copa. Roedd e wedi colli ei griw dringo!
Ffaith ddiddorol 3:	Cafodd y daith i lawr o'r mynydd ei ffilmio gan Eric Jones, dyn camera o Dremadog.
Ffaith ddiddorol 4:	Mae Cymro arall wedi dringo Everest ar ôl Caradog Jones. Llwyddodd Tom Whittaker i ddringo Everest yn 1998. Ef ydy'r person anabl cyntaf erioed i ddringo'r mynydd.

LLAFAR

Pa ffeithiau sydd fwyaf diddorol i chi?
Ydych chi wedi dysgu rhywbeth newydd o ddarllen y ffeith-ffeil?
Rhifwch y ffeithiau o 1 i 9.
Rhif 1 fydd y ffaith fwyaf diddorol i chi ei ddarllen.
Rhif 9 fydd y ffaith lleiaf diddorol i chi ei ddarllen.
Cymharwch eich rhifau gyda gweddill y dosbarth.
Pam fod pethau gwahanol yn ddiddorol i bobl eraill?

tudalen 64

Rydych chi'n gweithio i Radio Cymru.

Rydych chi newydd glywed bod Caradog Jones wedi llwyddo i gyrraedd copa Everest.

Mae'n rhaid i chi ysgrifennu bwletin newyddion ar gyfer y radio yn sôn am yr hyn sydd wedi digwydd.

Mae'n rhaid:

Sôn am hanes y mynydd

Sôn am beth sydd wedi digwydd

Rhoi manylion am beth ddigwyddodd

Defnyddio iaith ffurfiol

Gallech chi gyfweld Caradog Jones yn ystod y bwletin.
Gallech chi ofyn iddo sut roedd e'n teimlo pan oedd e'n sefyll ar y copa.

Dyma rai ffyrdd o gychwyn brawddegau yn eich bwletin newyddion.

Rydyn ni newydd glywed bod…	Mae adroddiadau'n dweud bod…
Yn ôl trefnydd y daith, roedd…	Dyma gamp aruthrol, o gofio…
Cawsom gyfle i siarad gyda…	Dyma ddiwrnod bythgofiadwy…

Beth ydych chi'n ei wybod am Begwn y De?

⭐ Pa fath o le sydd yno?

⭐ Pwy sydd yn byw yno?

⭐ Beth sydd yn bwysig am y lle?

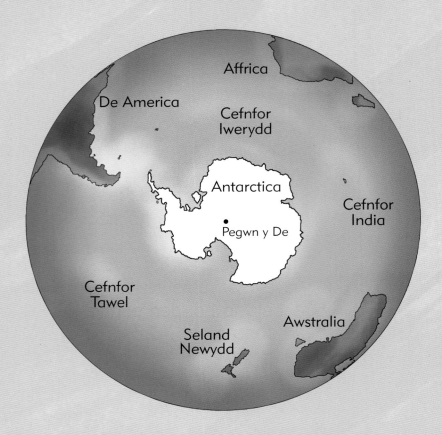

 DARLLEN

Roedd Cymry gyda'r cyntaf i gyrraedd Pegwn y De.
Dyma'r stori ryfeddol.

her –
challenge

Pegwn y De oedd un o'r ychydig lefydd yn y byd lle
nad oedd yr un dyn byw wedi llwyddo i'w gyrraedd.
Roedd cyrraedd Pegwn y De yn **her** fawr i lawer
iawn o ddynion a oedd yn hoffi antur fawr.

Un o'r dynion hyn oedd Capten Scott. Roedd e
ar dân i fod y dyn cyntaf i gyrraedd Pegwn y De.
Roedd e wedi ceisio gwneud hyn yn 1901, gan
gyrraedd o fewn pedwar can milltir i Begwn y De.

Roedd Capten Scott yn benderfynol o lwyddo, ac
ym mis Mehefin 1910 hwyliodd ei long hwylio, y
Terra Nova, o borthladd Caerdydd.

Cymerodd hi saith mis i'r *Terra Nova* a chriw Capten Scott gyrraedd Antarctica. Bedwar can milltir i ffwrdd, roedd criw o ddynion o Norwy yn ceisio cyrraedd Pegwn y De hefyd. Roedd y ddau griw o ddynion yn benderfynol iawn, ac roedd ras bwysig rhyngddynt. Cyn hyn, roedd rhaid gwneud gwaith pwysig iawn. Roedd rhaid defnyddio **cwmpawd** i ddod o hyd i'r daith fwyaf cyflym i Begwn y De, a gyrru dynion a chŵn yn tynnu slediau i adael bwyd ar hyd rhan gyntaf y daith.

cwmpawd — *compass*

Ar Dachwedd 1af, 1911 dechreuodd criw y Capten Scott ar eu taith. Roedd gan y criw ddigon o gŵn a cheffylau i gario yr hyn oedd ei angen arnyn nhw. Roedd gan y criw hefyd slediau gyda motor arnynt, ond doedd y motor ddim yn gweithio oherwydd yr oerfel difrifol.

Wrth i'r daith fynd yn ei blaen roedd y ceffylau yn mynd yn wan iawn. Yn y diwedd, bu'n rhaid saethu'r ceffylau a'u bwyta. Roedd peth o'r cig yn cael ei adael yn yr eira er mwyn i'r criw ei fwyta ar eu taith yn ôl o Begwn y De. Roedd y cŵn yn wan hefyd, a gwnaeth Capten Scott eu gyrru yn ôl i'r **gwersyll**. Roedd Scott a'r criw yn tynnu y slediau eu hunain yn awr.

gwersyll — *camp*

Tua 150 milltir o Begwn y De, penderfynodd Scott bod pum dyn i gario 'mlaen gyda'r daith. **Yn wreiddiol**, pedwar dyn oedd i fod i wneud hyn. Un o'r pump o ddynion oedd y Cymro, Edgar Evans. Roedd dewis pum dyn yn gamgymeriad mawr. Doedd dim digon o fwyd i'r pump.

yn wreiddiol — *originally*

Cyrhaeddodd Scott a'r criw Begwn y De ar Ionawr 17eg, 1912. Cawson nhw siom enfawr. Roedd baner gwlad Norwy yno'n barod. Roedd Scott a'r criw wedi cyrraedd 33 diwrnod yn rhy hwyr. Roedd criw Norwy wedi gadael eu baner yno, ond hefyd wedi gadael pabell yno yn llawn offer. Erbyn hyn roedd hi'n ofnadwy o oer, yn 30 gradd **o dan y rhewbwynt**. Yn amlwg, roedd Scott a'i griw yn siomedig dros ben. Dyma ysgrifennodd Scott yn ei ddyddiadur:

'Pegwn y De. O Dduw annwyl! Am le ofnadwy a dychrynllyd.'

Roedden nhw wedi cyrraedd Pegwn y De. Ond nawr, roedd rhaid cerdded yr holl ffordd yn ôl i'w gwersyll. Roedd y dynion yn **llwgu**, ac yn dioddef o hypothermia. Y cyntaf i farw ar y daith yn ôl i'r gwersyll oedd y Cymro, Edgar Evans, a hynny ar Chwefror 17eg, 1912. Fis yn ddiweddarach bu farw un arall, Capten Oates, a hynny ar ddiwrnod ei ben-blwydd. Tri o'r pump oedd bellach yn fyw. Roedd bwyd yn brin a'r tri yn ofnadwy o wan.

Ni wnaeth yr un o'r tri gyrraedd yn ôl i'w gwersyll. Roedd Capten Scott wedi cadw dyddiadur o bob diwrnod ar hyd y daith. Dyma'r cofnod olaf yn ei ddyddiadur:

"Rydyn ni'n gwanhau, ac mae'n diwedd ni'n dod. Dydw i ddim yn medru ysgrifennu dim mwy…
R. Scott"

o dan y rhewbwynt – *minus 30*

llwgu – *starving*

tudalen 65, 66 + 67

Beth ydy eich barn chi am yr hanes yma?

A oedd Capten Scott

yn ddewr?

neu

yn ffôl?

Edrychwch ar y lluniau yma o Begwn y De.

Trafodwch yn eich grwpiau:

✸ A oes rhai llefydd yn y byd na ddylai dynion fynd iddynt?

✸ A ddylen ni adael llonydd i natur?

✸ A oes modd mentro gormod?

UNED 5 | CYMRU

Cymru

Caergybi
YNYS MÔN
Llangefni
Llandudno
Y Rhyl
Conwy
Y Fflint
Bangor
CONWY
Dinbych
SIR Y FFLINT
Carnedd Llywelyn
Rhuthun
Caernarfon
Glyder Fawr
SIR DDINBYCH
Wrecsam
Yr Wyddfa
WRECSAM
GWYNEDD
Carnedd y Filiast
Porthmadog
Arenig Fawr
Dyfrdwy
Y Berwyn
Y Llethr
Moel Sych
Dolgellau
Penygadair
Dyfi
Machynlleth
Hafren
Pumlumon
Y Drenewydd
Aberystwyth
Llanidloes
POWYS
Ystwyth
CEREDIGION
Bryn Bach
Drygarn Fawr
Llandrindod
Teifi
Tywi
Gwy
Aberteifi
Teifi
Cathi
Wysg
Aberhonddu
Abergwaun
Mynydd Preseli
SIR GAERFYRDDIN
Bannau Brycheiniog
Y Fenni
SIR BENFRO
Taf
Tywi
Caerfyrddin
Nedd
MERTHYR TUDFUL
BLAENAU GWENT
SIR FYNWY
Hwlffordd
Llwchwr
CASTELL-NEDD PORT TALBOT
Glynebwy
TORFAEN
Merthyr Tudful
ABERTAWE
RHONDDA CYNON TAF
Pont-y-pŵl
Castell-Nedd
CAERFFILI
Abertawe
Tawe
Pontypridd
CASNEWYDD
Caerffili
Casnewydd
PEN-Y-BONT AR OGWR
CAERDYDD
Pen-y-Bont ar Ogwr
BRO MORGANNWG
Caerdydd
Y Barri
Gwy

72   UNED 5 | CYMRU

tudalen 70 + 71

* Beth ydy enw'r sir ble rydych chi'n byw?

* Sawl sir sydd yng Nghymru?

* Pa sir ydy'r fwyaf?

* Pa sir ydy'r lleiaf?

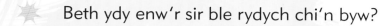
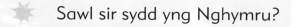

Wyt ti'n gallu sillafu enw dy sir di?

DARLLEN

Mae rhai o'r mynyddoedd hyn yn uwch na'r rhai eraill.
Darllenwch y wybodaeth amdanynt a'u rhoi nhw mewn trefn.
Dechreuwch gyda'r uchaf yn gyntaf.

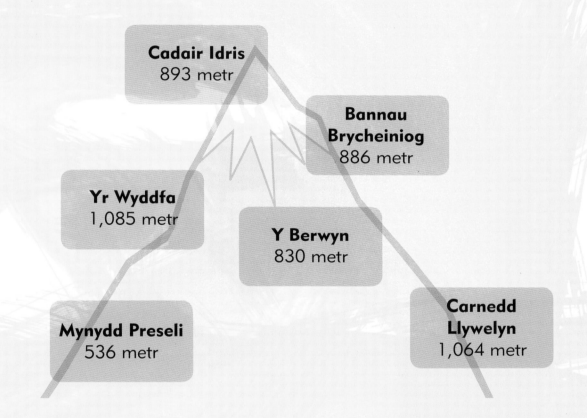

Cadair Idris
893 metr

Bannau Brycheiniog
886 metr

Yr Wyddfa
1,085 metr

Y Berwyn
830 metr

Carnedd Llywelyn
1,064 metr

Mynydd Preseli
536 metr

MEDDWL

Beth yw'r gwahaniaeth rhwng:

* prifddinas

* dinas

* tref

* pentref

* cefn gwlad

Beth ydy ystyr y geiriau yma?

| LLAN | CAER | ABER |

Edrychwch ar enwau'r llefydd yma.

Grwpiwch enwau tebyg gyda'i gilydd.

Aberystwyth

Caernarfon

Llanfairpwll

Abertyleri

Aberdaron

Caergybi

Llanbedr Pont Steffan

Caerffili

Caerfyrddin

Abergwaun

Llanelli

Llandudno

Grŵp 1	Grŵp 2	Grŵp 3

Mae eisiau i chi ysgrifennu llythyr / e-bost at berson sydd yn perthyn i chi sydd yn byw yn Seland Newydd. Dydyn nhw erioed wedi bod yng Nghymru o'r blaen.

Beth fyddech chi eisiau ei ddweud wrthyn nhw am eich gwlad?

Cynllunio

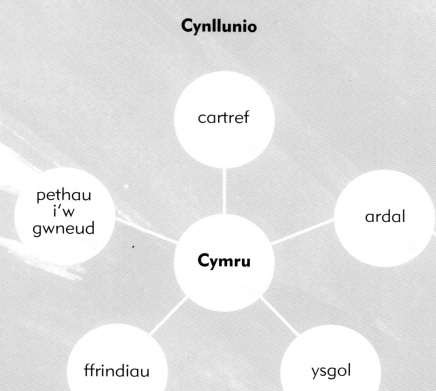

cartref

pethau i'w gwneud

Cymru

ardal

ffrindiau

ysgol

HEN WLAD FY NHADAU

Mae hen wlad fy nhadau yn annwyl i mi,
Gwlad beirdd a chantorion, enwogion o fri;
Ei gwrol ryfelwyr, gwladgarwyr tra mâd,
Tros ryddid collasant eu gwaed.

Gwlad, gwlad, pleidiol wyf i'm gwlad.
Tra môr yn fur, i'r bur hoff bau,
O bydded i'r hen iaith barhau.

Beth ydy ystyr geiriau'r anthem?

Mae hen wlad fy nhadau yn annwyl i mi,
Gwlad beirdd a phobl sy'n canu, pobl enwog dros ben;
Pobl sy'n dda iawn am ymladd, pobl sy'n caru eu gwlad,
Dros Gymru roedden nhw wedi colli eu gwaed.

Gwlad, Gwlad, byddaf i'n ffyddlon i'm gwlad,
Tra bod y môr fel wal, o amgylch yr hen wlad,
Rhaid i'r iaith Gymraeg barhau.

LLAFAR

✳ Ydych chi'n gwybod geiriau'r anthem genedlaethol?

✳ Ydych chi wedi canu'r geiriau o'r blaen? Ble?

✳ A ddylai pob Cymro / Cymraes wybod geiriau'r anthem genedlaethol? Pam ydych chi'n credu hyn?

✳ Mae llawer o bobl yn canu geiriau'r anthem heb wybod beth maen nhw'n ei feddwl. Ydych chi'n credu ei bod hi'n bwysig i ddysgu ac i ddeall ystyr geiriau 'Hen Wlad fy Nhadau'?

DARLLEN

Dyma ychydig o hanes ysgrifennu 'Hen Wlad fy Nhadau'.

Cafodd yr anthem, 'Hen Wlad fy Nhadau', ei chyfansoddi gan dad a mab, sef Evan James a'i fab James. Roedd y ddau yn byw ym Mhontypridd.

Roedd James James yn teithio o amgylch tafarndai Pontypridd yn canu'r delyn. Un noson, pan oedd yn cerdded adref, fe ganodd **y dôn** 'Hen Wlad fy Nhadau' yn ei ben. Pan gyrhaeddodd adref, fe ganodd y dôn i'w dad, Evan James. Erbyn y bore wedyn, roedd Evan James wedi **cyfansoddi** geiriau ar gyfer tri phennill 'Hen Wlad fy Nhadau'.

y dôn – *tune*

cyfansoddi – creu

Mewn wythnos, canodd dynes o'r enw Elizabeth John y gân am y tro cyntaf erioed mewn Capel ym Maesteg. Mae'r recordiad cyntaf o'r gân yn dyddio nôl i 1899. Mae'r copi **gwreiddiol** o'r gân a'r geiriau yn Llyfrgell Genedlaethol Cymru yn Aberystwyth.

gwreiddiol – original

Heddiw mae'r gân wedi tyfu i fod yn anthem genedlaethol i Gymru, ac mae pawb sydd yn cefnogi Cymru yn ei chanu cyn gêmau pêl-droed a rygbi.

LLAFAR

tudalen 77

✳ Sut oedd Evan James a James James yn perthyn?

✳ Ble oedden nhw'n byw?

✳ Beth oedd gwaith James James?

✳ Pwy ysgrifennodd y geiriau i 'Hen Wlad fy Nhadau'?

✳ Beth ddigwyddodd am y tro cyntaf ym Maesteg?

✳ Ble mae copi gwreiddiol y gân?

✳ Pwy sydd yn canu'r anthem fwyaf heddiw?

LLAFAR

tudalen 78

Ydy Cymru'n bwysig i chi? Pam?

Beth ydy ystyr bod yn Gymro neu'n Gymraes heddiw?

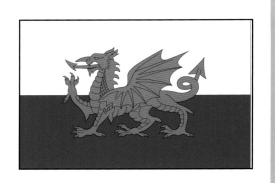

S4/C

Darllenwch y ddeialog yma rhwng dau berson ifanc.

Huw: Welaist ti'r gêm bêl-droed rhwng Cymru a Brasil?

Rhodri: Do, gêm dda. Trueni i Gymru golli.

Huw: Pam? Mae Brasil yn llawer gwell.

Rhodri: Dw i ddim yn dweud llai, ond mae'n rhaid cefnogi Cymru yn does?

Huw: Pam?

Rhodri: Wel, achos dy fod ti'n Gymro. Fydden i byth yn gallu cefnogi unrhyw dîm heblaw am Gymru.

Huw: Mae hynny'n ddwl. Dw i ddim yn mynd i gefnogi Cymru am eu bod nhw'n sbwriel. Maen nhw'n codi **cywilydd** arna i.

Rhodri: Ond os wyt ti'n Gymro mae'n rhaid i ti gefnogi dy wlad – os ydyn nhw'n dda neu beidio. Maen nhw'n chwarae dros Gymru.

Huw: Dw i ddim yn Gymro, wnes i ddim cael fy ngeni yma…

Rhodri: Ond rwyt ti'n byw yma ers dy fod ti'n fach. Dyma'r wlad sydd yn gartref i ti.

Huw: Does dim gwahaniaeth gyda fi. Dim ond darn o dir yw Cymru, beth ydy'r holl ffys a ffwdan…?

codi cywilydd – embaras

Gorffennwch y ddeialog.

✹   Beth ydych chi'n credu fydd ateb Rhodri?

✹   Fydd e'n perswadio Huw?

Darllenwch y gerdd yma.

A gymri di Gymru?

A gymri di'r byd
A'i holl ryfeddodau,
Yr haul a'r sêr,
Y pysgod a'r blodau?
A gymri di'r gwledydd
O bob lliw a llun?
A gymri di Gymru –
Dy wlad dy hun?

A gymri di'r bryniau
A'r môr a'r afonydd,
Y trefi, a'r traethau
Bychain, llonydd?
A gymri di'r bobol
Gynhesa'n y byd?
A gymri di Gymru –
A'i chymryd i gyd?

Robat Gruffudd

a gymri di –
wnei di gymryd?

LLAFAR

tudalen 79

Gwnewch restr o'r pethau mae'r bardd eisiau i ni eu cymryd am Gymru.

Pennill 1	Cymryd	
Pennill 2	Cymryd	

DARLLEN

Dyma daflen wybodaeth.
Mae'n nodi beth ydy manteision gallu siarad Cymraeg.

Mae **dwy** brif iaith yng Nghymru...

Mae 40% o bobl ifanc Cymru rhwng 5–15 oed yn gallu siarad Cymraeg a Saesneg.

Mae gen ti...

2 iaith

dwy iaith i wrando ar gerddoriaeth

dwy iaith i edrych ar sianelau teledu

dwy iaith i chwarae

dwy iaith i fagu teulu

dwy waith y cyfle i gael swydd

dwy iaith i garu!

dwy iaith ar gyfer addysg

Mae gen ti...

2 ddewis

Defnyddio dy Gymraeg neu beidio ei defnyddio.

Defnyddio = Dyfodol

Dyfodol y Gymraeg...

dy ddyfodol di!

Mae'r daflen yn defnyddio rhesymau er mwyn perswadio pobl bod siarad Cymraeg yn bwysig.

Beth ydy'r rhesymau yma?

Ydych chi'n gallu meddwl am resymau eraill pam fod siarad Cymraeg yn bwysig?

Trafodwch mewn grŵp.

Ddylai pawb sydd yn byw yng Nghymru siarad Cymraeg?	
Rhesymau pam <u>ddylai</u> pawb siarad Cymraeg	Rhesymau pam <u>nad oes rhaid</u> i bawb siarad Cymraeg
Barn y grŵp	

Mae person o wlad arall wedi symud i fyw drws nesaf i chi.

Rydych chi'n ceisio perswadio'r teulu i ddysgu Cymraeg.

Beth fyddech chi'n ei ddweud wrthyn nhw?

LLAFAR

Edrychwch ar y llun yma.

Sut ydych chi'n teimlo wrth weld y llun?

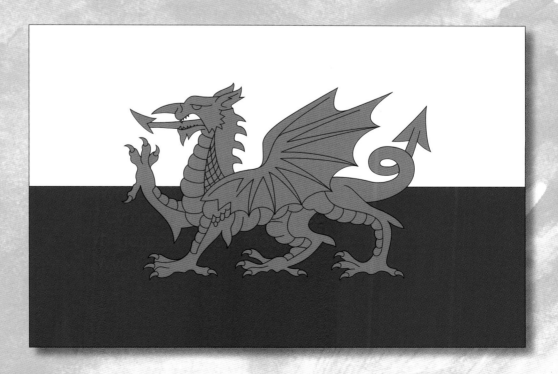

Darllenwch hanes baner y Ddraig Goch.

Y Ddraig Goch ydy'r symbol sydd ar faner gwlad Cymru. Mae llawer o straeon gwahanol am y ddraig hon.

Mabinogi – hen, hen straeon

Yn un o'r straeon, sydd yn y **Mabinogi**, mae'r ddraig goch yn ymladd gyda draig wen sydd yn ceisio ymosod ar Gymru. Mae Lludd, brenin y Cymry, yn **cloddio** twll anferth ac yn ei lenwi gyda medd (hen gwrw'r Cymry). Mae'r ddwy ddraig yn mynd at y twll ac yn yfed y medd. Maent yn syrthio i gysgu. Mae Lludd yn rhoi'r ddwy ddraig yn y carchar yn Eryri. Wedi treulio amser yno, mae'r ddwy ddraig yn cael eu rhyddhau. Mae brwydr enfawr rhwng y ddwy. Y ddraig goch sydd yn ennill. Mae bachgen ifanc yn gwylio'r frwydr ac yn credu bod y Ddraig Wen yn cynrychioli Lloegr a'r Ddraig Goch yn cynrychioli Cymru.

cloddio – gwneud twll

Mae'r ddraig hefyd wedi bod yn lliwiau gwahanol! Roedd Owain Glyndŵr yn defnyddio baner wen gyda draig aur arni hi.

swyddogol – official

Yn 1959 daeth y ddraig goch yn faner **swyddogol** i Gymru. Heddiw, mae'n dangos draig goch ar gefndir gwyrdd a gwyn. Ar un adeg, roedd y ddraig yn sefyll ar ben bryn gwyrdd, ond mae wedi newid erbyn heddiw i gefndir sydd a'i hanner uchaf yn wyn a'i hanner isaf yn wyrdd.

Yr unig wledydd yn y byd cyfan gyda draig ar eu baneri ydy Cymru a gwlad Bhutan, sydd rhwng China ac India.

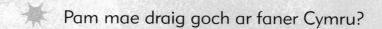 Pam mae draig goch ar faner Cymru?

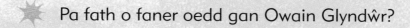 Pa fath o faner oedd gan Owain Glyndŵr?

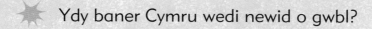 Ydy baner Cymru wedi newid o gwbl?

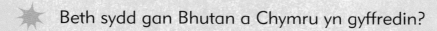 Beth sydd gan Bhutan a Chymru yn gyffredin?

Fyddech chi'n hoffi dylunio baner arall i Gymru?

Beth fyddai arni hi?

Edrychwch ar y llun yma. Beth ydych chi'n ei weld? Pam mae'r geiriau "Cofiwch Dryweryn" ar y wal?

DARLLEN

Dyma hanes boddi cwm Capel Celyn ger y Bala er mwyn creu **cronfa ddŵr** Tryweryn.

Yn 1965 gwnaeth pobl ardal Capel Celyn, ger y Bala, adael eu cartrefi am y tro olaf. Pam? Roedd pentref Capel Celyn mewn cwm o 800 erw o dir, ac roedd Cyngor Dinas Lerpwl eisiau boddi'r cwm er mwyn creu cronfa ddŵr ar gyfer dinas Lerpwl.

Roedd llawer iawn o bobl yn teimlo'n gryf am hyn.
- Roedd pobl Lerpwl yn teimlo bod rhaid iddyn nhw gael dŵr yfed;
- Doedd pobl Capel Celyn ddim eisiau gadael eu cartrefi;
- Roedd pobl eraill yn flin iawn bod pobl Capel Celyn yn cael eu trin fel hyn;
- Doedd rhai pobl ddim yn poeni am y peth o gwbl.

Aeth pobl Capel Celyn i Lerpwl i brotestio am hyn, ond wedi llawer iawn o ddadlau, roedd llywodraeth Prydain wedi penderfynu cefnogi Cyngor Lerpwl.

Roedd rhai pobl yn flin iawn. Cafodd un person ifanc ei anfon i'r carchar. Gwnaeth pobl Capel Celyn orfod gadael eu cartrefi, eu hysgol, eu capel, mynwent a swyddfa'r post. Cafodd 12 fferm ei boddi.

Yn 2005, 40 mlynedd ar ôl creu cronfa ddŵr Tryweryn, gwnaeth Cyngor Dinas Lerpwl **ymddiheuro** am yr hyn wnaethon nhw.

LLAFAR

✴ Sut ydych chi'n teimlo ar ôl darllen y darn hwn?

✴ Ydych chi'n credu y byddai hyn yn gallu digwydd heddiw? Pam ydych chi'n credu hyn?

✴ Sut fyddech chi'n teimlo petai rhywun am wneud hyn i'ch cartref chi?

✴ Beth fyddech chi'n ei wneud?

Dyma ddarn o'r nofel 'Ta-ta Tryweryn!' gan Gwenno Hughes. Yn y darn hwn mae pobl ifanc y pentref yn mynd i Lerpwl i brotestio. Maen nhw'n gwrando ar gefnogwr yn siarad.

'Bobol Tryweryn!' meddai. 'Rydyn ni yma heddi i ddangos i bobol Lerpwl pa mor annheg yw boddi Cwm Tryweryn! Rydyn ni yma heddi i wneud popeth allwn ni i achub y cwm!'

Cymeradwyo mawr.

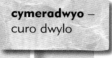
cymeradwyo –
curo dwylo

'Felly – ydyn ni am adael iddyn nhw foddi'n cartrefi ni?' gofynnodd.
'Na!'
Ydyn ni am adael iddyn nhw foddi ein hysgol ni?'
'Na!'
'Ydyn ni am adael iddyn nhw foddi ein capel ni?'
'Na!'

byddarol
– swnllyd

Ar y nodyn **byddarol** hwnnw dechreuodd **yr orymdaith nadreddu** ei ffordd trwy strydoedd y ddinas.

yr orymdaith –
gorymdaith – llawer
o bobl mewn torf

nadreddu –
symud yn araf, fel
neidr yn llithro

Tramp. Tramp. Tramp.
Roedd pobl yn stopio ar y palmentydd i edrych arnyn nhw.
Roedd pobl yn dechrau darllen y baneri.
Ac roedd yna rai'n cymeradwyo! Roedd pobol Lerpwl yn dechrau gwrando ar eu neges!

Doedd y protestio ddim wedi gweithio. Yna, mae'r bobl ifanc yn cerdded i'w hen ysgol gynradd ar gyfer seremoni i'w chau am y tro olaf. Mewn rhai dyddiau bydden nhw'n gadael eu cartrefi, a'r cwm, am y tro olaf.

Doedd gan neb fawr o ddim i'w ddweud ar y ffordd i'w hen ysgol. Aethant heibio i'r orsaf. Roedd hi wedi cau. Yna aethant heibio'r capel. Fyddai hi fawr o dro nes y bydden nhw'n cau'r drysau am y tro olaf yno hefyd.

Chwyrlïodd lorri drom tuag atynt. Neidiodd y pedwar i'r clawdd o'r ffordd. Tasgwyd dŵr budur dros Mari.
'Allan nhw ddim stopio gweithio hyd yn oed ar ddiwrnod fel heddiw?' bytheiriodd.

Roedd Bedwyr hefyd wedi cael llond ei fol ar lorïau Cyngor Lerpwl. Roedden nhw'n rhuo i fyny ac i lawr y cwm, trwy'r dydd, bob dydd, gan wasgaru llwch a **budreddi** i bobman. Roedden nhw'n cario graean a cherrig i ben uchaf y cwm lle'r oedd y gwaith o adeiladu'r argae eisoes wedi dechrau.

'Fydd hi ddim yn hir nes y byddan nhw'n cario cerrig o waliau'r ysgol i'r argae,' meddai Iolo. Roedd y pedwar yn gwybod mai dyna fyddai hanes cerrig eu tai nhw hefyd, unwaith y bydden nhw'n cael eu chwalu.

budreddi – baw

YSGRIFENNU

Chi ydy un o'r bobl ifanc yma sydd yn gadael eu cartref am y tro olaf.
Sut fyddech chi'n teimlo?

Ysgrifennwch gofnod yn eich dyddiadur am eich noson olaf yn eich cartref.

tudalen 82 + 83

Cynllunio

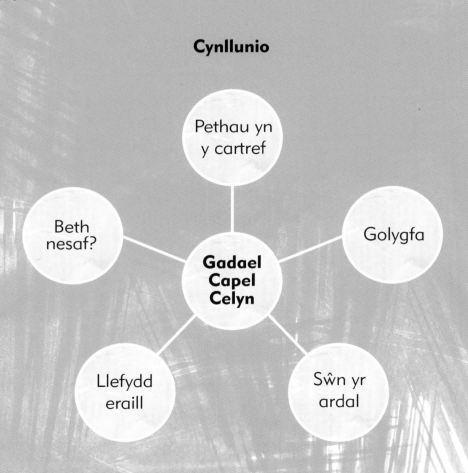

- Pethau yn y cartref
- Golygfa
- Sŵn yr ardal
- Llefydd eraill
- Beth nesaf?
- **Gadael Capel Celyn**

tudalen 84

UNED 6 | CANTRE'R GWAELOD

Cantre'r Gwaelod

ffrwythlon –
llawer yn tyfu yno

Os edrychwch chi ar fap o Geredigion heddiw mae Bae Ceredigion i'w weld yn glir. Flynyddoedd maith yn ôl doedd dim dŵr i'w gael yno, dim ond tir hyfryd – Cantre'r Gwaelod. Roedd y tir yn **ffrwythlon** iawn ac roedd pobl Cantre'r Gwaelod wrth eu bodd yn byw yno oherwydd roedd digon o fwyd a diod ar gael drwy'r haf a'r gaeaf.

Enw brenin Cantre'r Gwaelod oedd Gwyddno Garanhir oherwydd ei fod yn ddyn tal iawn gyda choesau hir. Dyn caredig iawn oedd Gwyddno ac roedd ei bobl yn hapus iawn. Roedd sŵn chwerthin a chwarae, dawns a chân ym mhob cornel o'r wlad.

Un broblem oedd ynglŷn â Chantre'r Gwaelod. Roedd y tir yn isel iawn, ac felly roedd yn rhaid cael clawdd anferth i gadw'r môr allan o'r wlad. Roedd y clawdd yn cychwyn yn Aberdaron ym Mhen Llŷn ac yn gorffen yn Abergwaun yn Sir Benfro. Roedd nifer o afonydd yn llifo drwy'r Cantref ac roedd drysau mawr yn y clawdd i adael iddynt lifo allan pan oedd y **môr ar drai**, ond, roedd rhaid cofio cau'r drysau pan oedd y **llanw'n codi**.

môr ar drai – môr allan

llanw'n codi – môr yn dod i mewn

Roedd hi'n hynod o bwysig bod y drysau yn cael eu hagor a'u cau mewn pryd oherwydd roedd miloedd o bobl yn byw yn y Cantref, mewn **un ar bymtheg** o ddinasoedd hardd. Prifddinas y Cantref oedd Caer Wyddno, a oedd filltiroedd allan i'r môr o Aberystwyth. Roedd gofalu am y **morglawdd** yn waith pwysig iawn oherwydd roedd bywydau pawb yn y Cantref yn dibynnu arno.

un ar bymtheg – 16

morglawdd – wal a oedd yn cadw'r môr rhag y tir

Chwiliodd y Brenin Gwyddno Garanhir am ddyn **dibynadwy** i wneud y gwaith, a'r un a gafodd ei ddewis ganddo oedd Seithenyn. Roedd Seithenyn yn fab i dywysog ac yn ddyn cyfoethog iawn. Yn anffodus, roedd Seithenyn hefyd yn **feddwyn** – a oedd yn beryglus iawn i ddyn gyda gwaith mor bwysig.

dibynadwy – gwneud ei orau

meddwyn – rhywun sy'n meddwi, yfed gormod o alcohol

Roedd Gronw, mab hynaf Gwyddno, yn cael ei ben-blwydd a phenderfynodd y Brenin gynnal gwledd fawr yng Nghaer Wyddno i ddathlu pen-blwydd ei fab. Cafodd gwahoddiad ei roi i bawb pwysig, ac am ddyddiau cyn y wledd roedd pobl yn cyrraedd y ddinas.

yn ferw gwyllt –
prysur iawn

Roedd Caer Wyddno yn **ferw gwyllt**. Mewn sawl stryd roedd byrddau a lle wedi'i glirio ar gyfer dawnsio, oherwydd roedd pawb yn y ddinas – y cyfoethog a'r tlawd – am ddathlu pen-blwydd Gronw. Roedd y plas mor brysur â nyth morgrug. Roedd gweision a morynion yn rhuthro yma ac acw ac roedd hi'n brysur iawn yn y gegin. Yno, roedd morwyn o'r enw Mererid yn ceisio cadw trefn ar y **cogydd**.

cogydd -
chef

Gwawriodd diwrnod y wledd yn braf ond yn wyntog. Roedd y bobl gyffredin yn cynnal eu partïon nhw yn y prynhawn cyn iddi dywyllu. Erbyn y nos, roedd y gwynt ar draws y Cantref. Ond, yn y wledd doedd neb yn cymryd sylw o'r gwynt. Rhwng y sgwrsio, y canu a'r dawnsio, doedd neb yn clywed smic o'i sŵn – doedd y tywydd yn poeni dim arnynt. Roedd **cerddorion** a beirdd o bob cornel o Gymru yn y wledd, ac yn eu plith roedd bardd ifanc o'r enw Carwyn ab Irfon. Roedd Carwyn yn ddyn **golygus** iawn ac roedd nifer o forynion y plas yn gwenu'n dlws arno. Wnaeth Carwyn ddim cymryd sylw o'r un ohonynt. Roedd ei feddwl ef ar un o'r morynion eraill a welodd yn y gegin yn gynharach – Mererid.

cerddorion –
pobl yn chwarae
offerynnau

golygus -
handsome

Yn y gegin roedd sŵn y gwynt i'w glywed yn amlwg. Agorodd Carwyn y drws i gael golwg ar y tywydd a dychrynodd wrth deimlo'r glaw yn cael ei chwipio yn erbyn ei wyneb.
'Ar noson fel hon rydw i'n falch fod gennym ni wal uchel i gadw'r môr allan,' meddai Mererid.
'Dw i'n siŵr. Gwelais i Seithenyn yn y wledd gynnau. Roedd e wedi meddwi'n rhacs.'
'Beth? Ddylai o ddim bod yma. Mae'r llanw wedi troi ers awr ac fe ddylai fod wedi cau'r drysau i'w gadw allan!' meddai Mererid.

Agorodd Carwyn y drws unwaith eto, ac uwchben **rhuo'r storm** roedd yn credu iddo glywed sŵn tonnau.

rhuo'r storm –
sŵn y storm

dere – tyrd

'**Dere** Mererid, does dim eiliad i'w wastraffu! Mae'n rhaid i ni gau'r drysau neu fe fydd hi ar ben arnon ni a phawb arall.'

Yn y wledd, roedd Seithenyn yn bloeddio a chanu'n feddw; yn poeni dim am beth oedd yn digwydd y tu allan. Cychwynnodd y ddau am y morglawdd ag ofn yn eu gyrru ymlaen. Doedden nhw ddim yn gallu symud oherwydd bod y corwynt yn eu hwynebau. Doedd dim gobaith iddynt gyrraedd y morglawdd. Roedd y glaw wedi peidio erbyn hyn ond roedd y gwynt **cyn gryfed ag erioed**. Bob hyn a hyn, byddai'r lleuad yn dod i'r golwg a gwelodd Carwyn a Mererid fod y môr wedi llifo drwy'r drysau agored. Yn waeth na hynny, roedd rhannau o'r wal o gwmpas y drysau wedi chwalu a thonnau uchel yn 'sgubo dros y tir. **Mewn arswyd**, trodd y ddau ar eu sawdl a rhedeg nerth eu traed am Gaer Wyddno.

cyn gryfed ag erioed – mor gryf ag y gallai fod

mewn arswyd – wedi cael ofn

'Mae Seithenyn wedi gadael y drysau ar agor!'
'Mae'r môr yn torri trwodd!'
'Mae'r morglawdd yn chwalu!'
'Rhedwch am eich bywydau!'

Yn anffodus, doedd neb yn eu clywed oherwydd sŵn y gwynt. Buon nhw'n curo ar ddrysau cymaint o dai â phosibl, gan weiddi nerth esgyrn eu pen.
'Codwch y munud yma!'
'Mae'r môr yn torri trwodd!'

i ffoi – i ddianc

Rhuthrodd Carwyn a Mererid i'r plas i rybuddio pawb **i ffoi**. Aeth Carwyn yn syth at fwrdd y brenin.

'Eich mawrhydi, mae'n rhaid i chi a phawb arall ffoi ar unwaith! Mae Seithenyn wedi gadael drysau'r morglawdd ar agor ac mae'r môr wedi dod drwyddo.'
'Beth? Mae hynny'n amhosib. Mae Seithenyn bob amser yn gofalu eu cau.'
Doedd **dim troi** ar y brenin a gadawodd Carwyn a Mererid y llys yn sŵn ei chwerthin.

dim troi – dim perswadio'r brenin

Eu hunig obaith oedd gadael tir isaf y Cantref a mynd am y bryniau, allan o gyrraedd y tonnau. O'u blaenau, roedden nhw'n gweld ambell olau gwan wrth i rai o bobl Caer Wyddno ffoi am eu bywydau. Ond beth am weddill y bobl? Doedd ganddyn nhw ddim gobaith!

Roedd y llwybr yn dechrau codi am y bryniau o'r diwedd, ond ni arafodd Carwyn na Mererid. Yna, yn sydyn, clywodd y ddau sŵn rhyfedd y tu ôl iddynt. Sŵn **rhuo** rhyfedd.

rhuo – roar

Trodd y ddau a gweld golygfa **arswydus**. Roedd ton anferth, mor uchel â thŵr eglwys yn 'sgubo dros Gaer Wyddno, ac yn syth amdanynt. Llyncodd y don bopeth o'u blaenau a gwelon nhw Gaer Wyddno yn diflannu am byth.

arswydus – ofnadwy

Yn ystod y noson ofnadwy honno, ychydig iawn o bobl Cantre'r Gwaelod lwyddodd i ddianc yn fyw ac yn iach fel Carwyn a Mererid. **Llond dwrn** yn unig – a chael a chael oedd hi mewn sawl achos i gyrraedd diogelwch y bryniau.

llond dwrn – ychydig bach iawn

Y bore wedyn, roedd golygfa **dorcalonnus** yn wynebu'r rhai oedd yn fyw. Tawelodd y gwynt, ond doedd dim golwg o Gantre'r Gwaelod. Na'r morglawdd. Roedd miloedd o bobl a thir gorau Cymru wedi boddi oherwydd bod Seithenyn wedi meddwi. Diflannodd y cyfan am byth, a'r cyfan oedd i'w weld oedd dŵr llonydd y môr.

torcalonnus – digon i dorri calon

Crwydrodd Carwyn a Mererid yn dawel a thrist ar hyd ymyl y dŵr, yn meddwl am yr holl bobl oedd wedi boddi. Doedd dim **arwydd** o fywyd yn unman. Yna, yn sydyn, sylwodd y ddau fod rhywun yn gorwedd ar y lan, a chadair anferth wrth ei ochr.

arwydd – sign

drwy ryw ryfedd wyrth – miracle

y drychineb – digwyddiad ofnadwy

melltithio – rhoi'r bai ar

heolydd – ffyrdd

un filltir ar hugain – 21 milltir

crancod a gwymon – crabs and seaweed

olion – remains

'Ydy e'n fyw Carwyn?'

'Ydy, **drwy ryw ryfedd wyrth**. Gwyddno ydy o – a'i orsedd. Mae'n rhaid bod honno wedi nofio o flaen y don anferth yna neithiwr, a bod y Brenin wedi llwyddo i ddal gafael ynddi rywsut.'

Aethant â'r Brenin i dŷ a oedd ar fryn gerllaw a chyn hir daeth ato'i hun. Er ei fod yn ddiolchgar ei fod yn fyw, roedd yn torri ei galon oherwydd y **drychineb** ac yn **melltithio** Seithenyn. Hyd heddiw, enw'r bryn lle bu Gwyddno yn torri ei galon ydy Bryn Llefain.

Maent yn dweud bod pysgotwyr Aberystwyth, hyd heddiw, yn gallu gweld **olion** Caer Wyddno ar wely'r môr drwy'r dŵr clir ar adegau. Mae hyd yn oed nifer o **heolydd** i'w gweld yn arwain allan i'r môr, i'r cyfeiriad lle'r oedd Cantre'r Gwaelod gynt. Y mwyaf enwog yw Sarn Badrig, sy'n ymestyn allan am **un filltir ar hugain**.

Maent yn dweud hefyd bod llawer o adeiladau Cantre'r Gwaelod yn dal yn gyfan o dan y dŵr, a phan mae'r tywydd yn braf a'r môr yn llonydd, rydych yn gallu clywed clychau Eglwys Cantre'r Gwaelod yn canu o dan y dŵr.

Mae un peth arall yn wir. Pan fydd storm anferth neu lanw a thrai mawr ym Mae Ceredigion, fe ddaw olion coed i'r golwg drwy'r tywod a'r graean. Mae hyn yn profi bod tir sych wedi bod yma flynyddoedd yn ôl a bod coed a phorfa wedi bod lle mae **crancod a gwymon** heddiw.

tudalen 87, 88 + 89

tudalen 90

Ydych chi'n credu bod chwedl Cantre'r Gwaelod yn wir neu beidio?

Pam ydych chi'n credu hyn?

Trafodwch y cwestiynau hyn am chwedl Cantre'r Gwaelod.

1 Pwy oedd Gwyddno Garanhir a pha fath o ddyn oedd e?

2 Beth oedd y broblem yng Nghantre'r Gwaelod?

3 Pwy oedd Seithenyn a pha fath o ddyn oedd e?

4 Pam oedd Carwyn ab Irfon yn y plas?

5 Beth ddigwyddodd noson y storm?

6 Beth wnaeth Mererid a Carwyn?

7 Pwy oedd wedi llwyddo i ddianc a sut?

8 Ydych chi'n credu bod y stori hon yn wir neu beidio? Pam ydych chi'n credu hyn?

tudalen 91

tudalen 92

Dyma restr o bethau oedd yn nhref Caer Wyddno.

- môr
- llifddorau (*floodgates*)
- tai
- plas y brenin
- mynydd

Gwnewch fap o Gaer Wyddno i ddangos lleoliad y llefydd hyn.

Labelwch y map.

Beth ydych chi wedi ei ddysgu am y bobl yma?

Gwyddno Garanhir

Seithenyn

Mererid

Carwyn

Ysgrifennwch baragraff am bob un o'r bobl yma.

MEDDWL

tudalen 93 + 94

Roedd storm ofnadwy adeg y parti.

Edrychwch ar y llun yma o storm.

Disgrifiwch y storm.

Sut fyddech chi'n teimlo petaech chi yn y storm?

Ysgrifennwch baragraff yn disgrifio'r storm.

Cofiwch sôn am:

   sut mae'r storm yn edrych

   sut ydych chi'n teimlo yn y storm

MEDDWL

tudalen 95

Mae Mererid a Carwyn yn gweld bod y môr yn dod dros y morglawdd. Beth allen nhw ei wneud er mwyn achub Cantre'r Gwaelod rhag y môr?

Pa ddewis sydd gan Mererid a Carwyn?

Opsiynau
Beth allen nhw ei wneud?

Eich dewis chi

Manteision y dewis

Anfanteision y dewis

Ydych chi wedi gwneud
y dewis cywir?

LLAFAR

Mae Carwyn a Mererid yn rhedeg i'r plas i ddweud wrth y Brenin bod y dŵr yn llifo dros y morglawdd.

Mewn grwpiau o dri, ewch ati i actio'r sgwrs.

Penderfynwch pwy fydd yn actio:

* Carwyn
* Mererid
* Gwyddno Garanhir

Beth fydd pawb yn ei ddweud?

Carwyn	Mererid	Gwyddno Garanhir

Sut fyddwch chi'n actio'r sgwrs?

Siarad yn glir ac yn uchel

Rhoi cyffro ac ofn yn eich llais

Symud wrth siarad

Edrych ar y bobl eraill pan maen nhw'n siarad

Siarad heb bapur

tudalen 96

Beth sydd ei angen mewn adroddiad papur newydd?

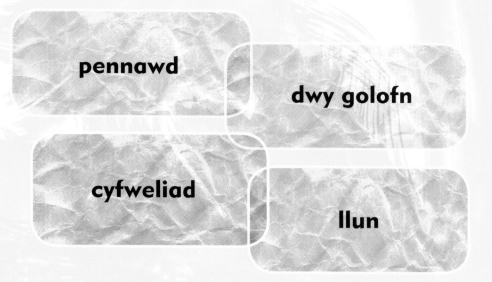

pennawd

dwy golofn

cyfweliad

llun

Ysgrifennwch adroddiad papur newydd yn sôn am yr hyn ddigwyddodd yng Nghantre'r Gwaelod.

Rhaid cofio bod angen defnyddio treigladau wrth ysgrifennu.

Edrychwch ar y ddau air yma:

i

o

Mae eisiau bod yn ofalus wrth ysgrifennu'r ddau air yma.
Mae llythyren gyntaf y gair sydd yn dilyn 'i' ac 'o' yn newid (yn treiglo).

Edrychwch ar beth sydd wedi digwydd yn y fan hyn:

o bobl

i gerdded

Darllenwch y paragraff hwn.
Edrychwch ar bob 'i' ac 'o'. Beth sydd yn digwydd?

Mae gen i lawer iawn o deulu. Maen nhw'n dod o Loegr yn wreiddiol, ond symudon ni i Gymru pan oeddwn i'n fabi. Mae gen i ddau frawd – mae un yn dal ac mae'r llall yn fyr. Does dim llawer iawn o wallt gan yr un ohonyn nhw. Mae'r ddau hefyd yn hoff iawn o ddringo mynyddoedd ac maen nhw'n teithio i lefydd pell er mwyn dringo.
Maen nhw wedi bod i lawer o wledydd diddorol, fel India ac Awstralia.
Maen nhw'n hoffi dod yn ôl i Gymru bob tro.

YSGRIFENNU

Ysgrifennwch yr adroddiad papur newydd.

Dyma rai syniadau ar sut i ddechrau rhai o frawddegau'r adroddiad.

Neithiwr, roedd…	Roedd storm wedi…
Roedd parti yn…	Seithenyn oedd i fod i…
Roedd dŵr y môr wedi…	Aeth Mererid a Carwyn i…
Aethon nhw i'r tai…	Roedden nhw wedi…
Aethon nhw i'r plas…	Dywedodd y Brenin "…"
Gwnaeth pawb ffoi i'r…	Heddiw, mae Cantre'r Gwaelod…